# 축복하는 아버지 기도하는 어머니

# 저자 서문

이제는 세월이 많이 흘렀지만, 결혼을 해서 쌍둥이 아들을 하나님으로부터 선물을 받았다. 쌍둥이 아들을 키우면서 고생도 많이 했었다. 두 녀석 다 낮이고 밤이고 잠을 잘 자지 않았고, 언제나 품에 안고 있어야 했는데 둘 다 너무 잘 먹어 몸무게는 장난이 아니었기에 너무 힘들었었다.

얼떨결에 아버지가 되어 돌이켜 보면 실수와 헛점이 많은 자격 없는 아버지였지만, 그러나 아이들을 키우면서 자녀는 나의 소유가 아닌 하나님의 선물이라는 사실과 너무도 소중하고 아름다운 영혼임을 알았다.

목회를 하면서 교회에 오는 아이들을 진심으로 대하고 사랑할 수 있음이 아버지가 되고 나서야 얻은 소득이다. 그래서 나는 아이들을 좋아한다. 나아가 아이들을 하나님이 원하시는 사람으로 잘 양육 할 수 있는 아버지와 목회자가 되기 위해 노력한다.

가끔은 신혼부부들이 기쁜 소식을 전한다. "목사님! 저희 임신했어요!" 나는 그 소식을 들으면 반드시 시간을 정해 소위 '임신축하심방'을 간다. 하나님으로부터 귀한 영혼을 선물 받음을 축하하고, 나아가 임신초기부터 어떻게 아이를 태교하고 키워야 하는지에 대한 성서적 비결을 소개해 주기 위함이다.

주로 누가복음 1장에서 세례요한의 어머니 엘리사벳이 성령 충만 했기에 세례요한도 모태로부터 성령이 충만했다는 이야기와 예수님을 잉태한 마리아의 이야기 등으로 기독교 태교를 가르쳤다.

그러던 어느 날 마음속에 욕심이 생겼다. 머릿속에 있는 그리스도인의 태교법 혹은 임신한 가정들에게 전했던 말씀들을 책으로 만들고 싶어 졌다. 임신한 부부들에게 축하예배를 드리며 선물로 주고 싶었고, 이 땅에 많은 예비부부들에게 유익을 주고 싶은 선한 욕심을 가졌다. 오랜 욕심이 잉태되어 정말 글로 표현해 보았다. 이 글이 많은 사람에게 좋은 유익이 되었으면 좋겠다.

이 책은 원래 「축복하는 아버지, 기도하는 어머니」라는 제목으로 세상에 펼쳐져 많은 사랑을 받았다. 이제 조금 수정 보완하여 다시 내어 놓으려 한다.

이 책을 결혼을 준비하거나 결혼하여 아이를 임신하고 그 아이를 잘 키우기를 원하는 이들에게 선물한다.

박도훈 목사

# 목 차

## 1부 주님! 저희가 임신했어요!

신혼여행, 가정예배로 시작하라!  _14

남편이 먼저 태교 하라!  _18

기뻐하고 감사하라!  _22

성령 충만한 부모가 되라!  _26

아버지의 자격을 갖추어라!  _30

태중의 아이를 축복하라!  _34

축복하는 아버지로 살라!  _38

기도하는 어머니로 살라!  _42

자녀가 우상이 되지 않도록 하라!  _46

## 2부 주님! 저희가 이렇게 가르치겠어요!

자녀에게 예배를 가르쳐라! _54
자녀에게 기도를 가르쳐라! _58
자녀에게 성경을 가르쳐라! _62
자녀에게 노래를 가르쳐라! _67
자녀에게 긍정적인 언어를 가르쳐라! _72
자녀에게 일을 가르쳐라! _76
자녀에게 순종을 가르쳐라! _83
자녀에게 헌신을 가르쳐라! _88


## 3부 주님! 저희가 이렇게 살겠어요!

즐거움으로 생각하라! _96
가급적 내 아이는 내가 키우자! _99
세상이 넓음을 가르쳐라! _102
책을 읽는 척하자! _105
인터넷을 활용하라! _107
남편에게 짐을 지우지 말라! _110
남편과 행복 하라! _112
가족과 함께 노래하라! _114

# 4부 주님! 저희가 이렇게 기도하겠어요!

임신을 기다리는 기도 _120

생명 주심을 감사하는 기도 _122

태중의 아이를 축복하는 기도 _123

임신 중에 드리는 기도 1 _124

임신 중에 드리는 기도 2 _125

임신 중에 드리는 기도 3 _126

임신 중에 드리는 기도 4 _127

임신 중에 드리는 기도 5 _129

임신 중에 드리는 기도 6 _130

임신 중에 드리는 기도 7 _132

임신 중에 드리는 기도 8 _133

임신 중에 드리는 기도 9 _134

임신 중에 드리는 기도 10 _135

임신 중에 드리는 기도 11 _136

임신 중에 드리는 기도 12 _138

순산을 위한 기도 _139

출생을 감사하는 기도 _140

젖을 먹일 때의 기도 _142

잠을 잘 때의 기도 _143

이불을 차 버리고 자는 자녀에게
새벽 무렵 이불을 덮어주며 드리는 기도 _144
아침 식사를 할 때 온 가족이 부르는 노래 _146
초등학교 입학을 앞두고 드리는 기도 _147
학교에 보내며 현관에서 드리는 기도 _148
믿음과 용기 있는 자녀로
성장하기를 위해 드리는 기도 _149
몸이 아픈 자녀를 위해 드리는 기도 _150
시험공부를 하는 자녀를 위한 기도 _151
사춘기를 지내는 자녀를 위한 기도 _152
기도을 잘 하는 자녀가 되도록 드리는 기도 _155
찬송을 잘 하는 자녀가 되도록 드리는 기도 _157
전도를 잘하는 자녀가 되도록 드리는 기도 _158
성경을 사랑하는 자녀가 되도록 드리는 기도 _159
예배를 즐거워하는 자녀가 되게 하소서 _160
긍정적인 언어를 사용하는 자녀가 되게 하소서 _161
재능을 발견케 하소서 _162
방학생활 중에는 세상을 보는 눈이 넓어지게 하소서 _163
집을 떠나 있을 때를 위한 기도 _164
친구를 만날 때는 이런 친구를 만나게 하소서 _165
인생에 좋은 영향을 줄 수 있는 스승을 만나게 하소서 _166

자녀의 생일을 위한 기도 _167

배우자를 위한 기도 1 _168

배우자를 위한 기도 2 _169

결혼하는 날을 위한 기도 _170

# 5부 아가에게 들려주는 말씀

1. 사람을 지으신 하나님 _174

2. 생명을 주시는 하나님 _176

3. 의로운 사람 노아 _177

4. 복의 근원으로 _178

5. 성공하는 인생 요셉 _179

6. 안식일을 거룩하게 지켜라 _180

7. 아론의 축도 _181

8. 최고의 계명 _182

9. 나가도 복을 받고 들어와도 복을 받고 _183

10. 용기 있는 믿음을 위하여 _185

11. 효성이 지극한 사람으로 _186

12. 기도로 얻은 아들 _187

13. 저의 집안이 영원토록 복을 받게 하소서 _190

14. 지혜를 구할 때 _192

15. 하나님의 종을 선대하여 _194

16. 히스기야가 형통한 이유 _197

17. 행복한 사람은 _198

18. 행복한 가정 _199

19. 여호와를 의지하는 가문 _201

20. 주의 말씀을 따르는 자가 되게 하소서 _202

21. 하나님이 함께 하시는 인생 _203

22. 아름다운 가정의 풍경 _204

23. 내 아들에게... _205

24. 아들아! 들으라! _206

25. 좋은 부모가 되기 위하여 _207

26. 오! 르무엘아! _208

27. 즐거운 인생을 가르쳐라 _209

28. 그러므로... _210

29. 봄의 교향악 _211

30. 아들아! 두려워 말라 _212

31. 물가에 심기운 나무처럼... _213

32. 하루에 세 번씩 _214

33. 이른 비와 늦은 비 _215

34. 하나님의 것 _216

35. 예수 그리스도의 태어나심 _217

36. 아이가 자람에 따라... _218

37. 오병이어 소년처럼 _219

38. 고백을 위하여 _220

39. 사랑은... _221

40. 성령의 열매 _223

41. 벽이 허물어지듯 _224

42. 순종과 사랑으로... _225

43. 아버지와 아들 _227

44. 가장 고상한 생각 _228

45. 빛 가운데 사는 자녀 _229

46. 하나님의 뜻 _230

47. 사랑하는 아들아! _231

48. 말씀의 사람으로 _232

49. 지혜를 구하며 _233

50. 갓난아이처럼... _234

51. 사랑하는 자들아! _235

52. 하늘나라 _237

# 부록

신혼여행에서 드리는 첫 번째 가정예배

# 1부

# 주님!
## 저희가 **임신**했어요!

임신은 기쁨이다.
임신은 축복이다.
임신은 모든 것을 얻은 것 같은 뿌듯함이다.
임신은 한 번도 경험해보지 못한 것을
소유하는 것 같은 설레임이다.
임신은 생명에 대한 신비로움의 체험이다.
그런데, 우리는 그러한 신비로움을 너무도 무작정으로
그리고 느닷없이 맞이하고 만다.
그리고서야 헐레벌떡 태교와 출산을 준비하고는 한다.
이제는 준비하자.
가장 복된 시간에,
가장 경건한 마음을 소유했을 때
그 경험을 준비하자.

# 신혼여행, 가정예배로 시작하라!

가정의 시작은 사랑하는 남녀가 결혼을 하면서부터 시작이 된다. 사람들은 새로운 가정이 시작되는 결혼식을 중요하게 여겨서 많은 돈을 투자하며 준비하고 진행한다. 예물과 예단을 주고받고 비싼 드레스와 턱시도를 입고 야외촬영도 하고 호화스런 예식장에서 결혼을 한다. 왜냐하면 인생의 새로운 출발을 시작하는 첫출발이 되기 때문이다.

결혼식이 끝나고 신랑과 신부는 신혼여행을 위해 정신없이 공항으로 달려간다. 그리고 낯선 호텔방에서 새로운 가정으로서의 첫 번째 시간을 맞는다. 분위기와 낭만을 위하여 와인을 한 잔 하기도 하고 혹은 여행지의 유흥가를 기웃거리다가 하루를 다 보낸다.

그러나 그 때를 위해 가장 소중하게 준비해야 할 것이 있다. 우리 가정의 '첫 번째 가정예배'를 준비해야 한다. 본 책의 뒷부분에 부록으로 편집된 〈신혼여행에서 드리는 첫 번째 가정예배〉를 활용하여 가정예배로 첫날밤을 시작하면 좋겠다.

찬송을 부르고 서로의 손을 맞잡고 미래를 위해 기도하면 얼마나 좋은가? 주례 목사님의 말씀을 나누고 하나님이 기뻐하는 가정을 설계해 보자.

예배 후에는 차를 나누며, 살아 갈 미래를 위해, 섬기는 교회를 위해, 돌보아야 할 가족들을 위해, 태어 날 아이를 위해 대화를 나누면 좋겠다. 이것이 첫 번째 가정예배이다. 이렇게 시작된 가정예배가 평생을 살면서 이어졌으면 좋겠다.

가정예배는 복의 통로라는 것을 알아야 한다. 아브람은 하나님의 부르심을 받은 후 가는 곳마다 예배를 드리는 제단을 쌓았다.

여호와께서 아브람에게 이르시되 너는 너의 고향과 친척과 아버지의 집을 떠나 내가 네게 보여 줄 땅으로 가라 내가 너로 큰 민족을 이루고 네게 복을 주어 네 이름을 창대하게 하리니 너는 복이 될지라 너를 축복하는 자에게는 내가 복을 내리고 너를 저주하는 자에게는 내가 저주하리니 땅의 모든 족속이 너로 말미암아 복을 얻을 것이라 하신지라 (창12:1-3)

아브람이 그 땅을 지나 세겜 땅 모레 상수리나무에 이르니 그 때에 가나안 사람이 그 땅에 거주하였더라 여호와께서 아브람에게 나타나 이르시되 내가 이 땅을 네 자손에게 주리라 하신지라 자기에게 나타나신 여호와께 그가 그 곳에서 제단을 쌓고 거기서 벧엘 동쪽 산으로 옮겨 장막을 치니 서쪽은 벧엘이요 동쪽은 아이라 그가 그곳에서 여호와께 제단을 쌓고 여호와의 이름을 부르더니 점점 남방으로 옮겨갔더라 (창12:6-9)

아브람은 가나안에 들어가서 장막을 이동하는 곳마다 도착 즉시 가장 먼저 한 일이 제단을 쌓는 일이었다. 창세기 13장에서도 계속 그는 이동하는 곳마다 제단을 쌓았다고 기록하고 있다. 아브람은 하나님께 예배하기를 즐거워했다. 여호와를 위하여 제단을 쌓는 것(창13:18)을 가장 우선적으로 여기던 사람이었다. 그래서 하나님은 그를 복의 근원으로 삼았던 것이다.

가정예배를 드리는 것이 중요한 또 하나의 이유가 있다. 가정예배는 찬송과 기도와 말씀의 영을 내 가정 속에 가득 채우는 것이다. 예배할 때 성령께서 임재하심으로 가정과 가족들 위에 하나님의 영이 임하는 것을 알아야 한다. 성령이 우리 가정위에 임하므로 악한 영이 임하지 못하고, 사단의 역사가 예수의 이름으로 결박을 받게 된다는 사실을 알아야 한다.

이스라엘 백성들이 출애굽하려 할 때 바로왕은 이를 허락하지 않았다. 하나님은 열 가지 재앙을 애굽 땅에 내렸다. 열 가지 재앙 중 마지막 열 번째 재앙이 장자의 죽음이다. 애굽 땅에 거하는 모든 장자들과 심지어는 동물과 짐승의 첫 것들 위에 죽음의 재앙이 임하는 것이었다.

하나님은 그 땅의 이스라엘 백성들만은 그 재앙에서 구원하시기 위해 양을 잡아 그 피를 문설주에 바른 집은 재앙이 뛰어넘어 갈 것이라고 했고, 이스라엘 백성들은 모두 양의

축복하는 아버지 기도하는 어머니

피를 문설주에 바름으로 재앙을 피했던 것이다.

가정예배의 능력이 바로 그것이다. 마치 문설주에 피를 바른 이스라엘 백성들의 집은 재앙이 뛰어 넘어 갔듯이, 가정예배를 통하여 찬송의 영, 기도의 영, 말씀의 영이 가득한 가정을 감히 사단이 어떻게 역사할 수 있겠는가?

가정예배를 통하여 성령이 임재 하는 가정이 되면 절대로 악한 병마가 틈을 탈 수 없으며, 흑암의 권세가 역사하지 못한다는 사실을 알아야 한다.

그러기에 신혼여행에서 시작한 가정예배의 의미는 대단히 크다고 할 수 있다. 옷을 입을 때 첫 번째 단추를 바로 꿰어야 하는 것처럼, 첫 출발을 하나님 앞에서 시작한 것과 같다고 할 수 있다. 술 취함과 세속적인 것에서 시작하지 않기를 바란다.

사랑하는 아내와 남편이 가정예배를 드림으로 하나님이 기뻐하는 출발을 하기 바란다.

가정예배는 축복이요. 가정예배는 능력이 되기 때문이다.

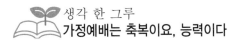
생각 한 그루
**가정예배는 축복이요, 능력이다**

# 남편이 먼저 태교 하라!

　　많은 사람들의 축하 속에 시작했던 결혼식, 그리고 신혼의 단꿈을 품고 즐거웠던 신혼여행이 마쳐지게 되면 이제 드디어 현실이 기다리고 있다. 어쩌면 더 정신이 없는 시간들이 기다리고 있는 것이다.

　　신혼여행에서 돌아오면 다시 직장생활로 돌아가 바쁘게 일을 해야 한다. 그리고 틈을 내어 집안의 어른들에게 인사를 드리러 다녀야하고, 친구나 직장 동료들을 초대하여 집들이를 해야 하기에 한 동안 정신이 없다. 그런 생활 속에서 의무적으로 먹고 마셔야 하는 그런 바쁜 생활의 연속이다.

　　사실 신혼 때는 조용하고 차분하게 미래를 설계하고 계획하는 그런 출발이 되어야 한다. 그리스도인으로서 가정예배를 드리며 찬송과 말씀을 나누며, 장차 자녀 출산의 계획도 해야 하고 그 자녀를 위해 기도도 하는 그런 분위기가 되면 좋겠다. 그러나 대부분의 사람들이 바쁘고 분주하고 요란한 신혼생활을 하게 된다.

　　그렇게 바쁘고 분주하게 지내다가 어느 날 아내의 몸에 이상이 생겨 산부인과에 가보니 '임신'이라고 통고를 받게 된다.

　　기쁘기도 하고 감사하기도 하지만 사실 돌아보면 아이를

위해 기도를 한 번도 하지 않고 임신을 하는 경우가 많다. 아니 대부분이다. 아이를 위해 가정예배를 통해서 기도하던 중에 임신이 되었으면 얼마나 좋았을까?

그러므로 그리스도인의 가정이라면 가정예배와 기도 중에 자녀를 하나님께 선물 받기를 바란다.

신혼생활 때는 남편과 아내가 음주와 흡연도 멀리하고 예배생활을 통해 기도하는 중에 하나님으로부터 자녀를 선물로 받아야 한다. 그러한 준비는 아내만의 몫이 아니라 남편과 아내가 함께 준비해야 하는 과정이다.

먹고 마시고 들뜬 분위기를 벗어나서 기도하는 영적 생활이 절대적으로 필요할 때가 바로 신혼의 때이다. 왜냐하면 신혼의 때에는 자녀를 임신하게 되는 중요한 때이기 때문이다. 특히 남편이 먼저 낳을 아기를 위해 태교를 하며 준비해야 한다.

남편이 먼저 태교를 하라는 말은 대부분의 사람들에게는 생소한 말일 것이다. 그런데 사실 그 말은 상당히 동감이 되고 의학적인 뒷받침이 있는 이야기이다.

한국가정사역연구소 추부길 소장의 글을 인용하여 보자.

남자에게는 생명의 씨앗인 '정자' 라는 것이 있다. 그런데 이 정자가 하루아침에 만들어지는 것이 아니라는 것이다. 여자의 몸에 있는 난자와 만나게 되는 정자는 최소 2-3개월 전, 브리테니커 사전에 의하면 74일전에 만들어지는 것이다. 곧 남자도 정자를 만들기 위한 임신의 기간이 있다는 말이 성립된다. 당연히 남자도 임신을 하는 것이므로 태교를 해야 한다는 말이다.

미국에서 발표된 논문에 의하면 갓 태어난 아기가 알코올 중독 증후군을 가지고 있었는데 그 원인을 추적해 본 결과, 아내는 임신 중에는 물론이고 태어난 후 술을 먹어 본적이 없는 사람이었다. 남편이 정자를 만들던 시기에 술을 취하도록 먹었다는 것이다.

남편의 임신 기간 동안에 심한 스트레스를 받았거나 정서적으로 심각한 손상을 받게 되면 곧 정자에게 영향을 미치게 될 수 있다.

그래서 송강 정철의 시에도 "아버님 날 낳으시고..." 라는 말을 하였는가 보다. 아버지가 나를 임신했다가 어머니의 자궁에다 낳았다는 말이다. 어머니가 우리를 임신하고 출산을 하지만, 사실은 아버지가 우리를 낳는 것이다.

아버지는 씨앗이요, 어머니는 밭의 역할을 하는 것이다. 밭도 중요하다. 자갈밭과 같은 황무지에는 식물이 자랄 수 없다. 아무리 좋은 씨가 떨어진다 해도 잘 자라지 못한다. 그러나 밭이 옥토라고 하더라도 좋은 씨앗이 아니면 역시 식물이 잘 자라지 않는다. 자란다고 하더라도 좋은 열매를 거둘 수 없다. 좋은 씨앗과 좋은 밭이 만나야 식물이 잘 자라듯이, 태교가 잘 된 좋은 정자와 난자가 만나야 좋은 아이를 출산할 수 있는 것이다.

심성이 바르고, 하나님을 향한 영성이 있고, 건강한 아이를 출산하기 위해서는 결혼 후 남편들의 역할이 중요하다.

술과 흡연을 하지 말아야 한다. 그리고 세상적인 쾌락을 버려야 한다. 술과 흡연 그리고 세상적인 쾌락에 빠져 있을 때 이미 남편의 몸에는 정자가 만들어 지고 있는 것이다. 정서적으로 건강하지 못하고 영적으로 은혜롭지 못한 영향을 받은 아이가 탄생되고 있는 것이다.

반대로 임신을 위해 기도하고 아내와 함께 드리는 가정예배 그리고 교회생활을 통해서 영적으로 건강한 아이가 남편의 몸속에서 탄생되어져야 한다.

일찍 퇴근하여 좋은 책을 읽고, 좋은 음악을 듣고, 아내와 함께 공원을 산책하며 사랑의 대화를 많이 나누어야 한다. 대자연을 바라보며 산행을 하고 여행을 하며 보다 경건한 시간들을 많이 가져야 함을 잊지 말자.

진정한 태교의 시작은 결혼 이전부터 이미 남편부터 시작해야 하는 것이다.

생각 한 그루
**태교의 시작은 결혼예식 이전부터 이다**

# 기뻐하고 감사하라!

"목사님! 저희 임신했어요!" 결혼한 신혼부부 가정이 산부인과에서 검진을 마치고 전화로 전하는 말이다. 스스로 대견하고 신기한 듯 들뜬 목소리로 본인들도 쑥스러운지 머뭇거리며 전화를 하는 것 같다.

필자는 목회현장에서 신혼부부들이 아이를 임신했다는 소식이 들려오면 반드시 심방을 해서 소위 '임신축하예배'를 드리고 있다. 그리고 그들에게 부모가 임신 중에 어떻게 신앙생활을 해야 하는지를 가르치고 있다. 특별히 하나님께서 우리에게 자녀를 허락하심이 얼마나 기쁘고 감사한 일인가를 깨닫게 해 주고 싶기 때문이다.

아버지가 된다는 것과 어머니가 된다는 것은 표현할 수 없는 신비함과 그로 인한 기쁨의 경험이다. 우리는 아이를 낳고 키우면서 생명의 신비함과 인생의 깊은 의미도 배우게 된다. 또한 신앙적으로도 감사의 기회이며 하나님께 더 가까이 나아 갈 수 있는 좋은 기회가 되기도 한다.

사람들은 기쁨과 더불어 그 아이를 잘 키우겠다는 마음으로 태교를 시작한다. 좋은 음악을 듣고, 좋은 책을 읽고, 맛있는 음식을 그것도 모양이 흉한 것은 보지도 않고 보기에 좋은 음식만을 골라서 먹는다.

태교는 임부가 임신 후 출산 시까지의 모든 일에 대해서

조심성을 간직하고 나쁜 생각이나 거친 행동을 삼가며 편안한 마음으로 말이나 행동을 할 때 태아에게 정서적•심리적•신체적으로 좋은 영향을 준다고 생각하는 태중교육을 말한다. 임신 중 어머니의 심리적•정서적인 마음가짐과 언행이 태아에게 중요한 영향을 끼친다는 생각은 인류의 역사가 시작된 이래 존속되어 왔다. 그리고 현대에 와서는 많은 교육학자와 의학자들에 의해 태교의 중요성이 강조되고 있다.

어떤 학자는 태교란 "아이의 인성을 결정하는 모든 것이다." 라고 정의하기도 했다. 누구도 그 정의에 반대의견을 제시할 수 없을 정도로 태교의 중요성은 이미 알고 있는 상식이다.

그렇다면 부모님의 신앙생활이 태중에 있는 아이에게 어떤 영향이 미치겠는가 하는 것도 반드시 생각해야 할 중요한 문제이다. 어머니의 신앙생활이 태중에 있는 아이에게 큰 영향을 미친다. 그러므로 임신 중에는 감사와 기쁨의 신앙생활을 해야 한다. 아이는 뱃속에서 어머니의 신앙을 함께 느끼고 배우고 있기 때문이다. 어머니가 찬송을 하면 아이도 찬송을 한다. 어머니가 기도를 하면 아이도 기도를 한다. 어머니가 성령 충만하면 아이도 성령 충만하다.

그런데 안타깝게도 어떤 어머니는 아이를 임신했음에도 예배생활을 하지 않는다. 참으로 안타까운 일이다. 태중에 아이가 전혀 하나님을 알고 느낄 수 있는 기회를 주지 않고 있기 때문이다.

그러므로 임신 중에는 신앙생활을 잘 해야 한다. 교회의 공예배는 물론이요, 특별히 가정예배를 통해서 태중의 아이가 예배를 드릴 수 있도록 해 주어야 한다. 예배를 통하여 어머니와 태중의 아이가 기쁨과 감사의 삶을 살아야 한다. 이것은 훗날 아이의 성격형성에 막대한 영향을 미치기 때문이다. 출산할 때까지 기쁨과 감사가 그들의 삶이 되어야 한다.

어느 산부인과에 비치된 광고지에 『건강하고 총명한 아기로 키우는 266일간의 태교 매뉴얼』이 적혀 있어 옮겨 본다.

1. 태아는 배우고 있다.

2. 태아는 보고 있다.

3. 태아는 듣고 있다.

4. 태아는 피부로 느끼고 있다.

5. 태아는 먹고 맛보고 있다.

6. 태아는 스트레스에 손상 받고 있다.
   * 부부싸움은 태아의 가장 큰 괴로움
   * 어머니의 스트레스는 곧 태아에게 전염 된다.

7. 태아는 마음을 갖고 있다.

8. 태아는 기억을 하고 있다.
   * 태아의 뇌 기억장치는 4개월부터 활동하기 시작한다.

9. 태아는 잠자고 있다.

10. 태아는 투쟁하고 있다.
    * 술, 담배, 약은 뇌를 손상하는 3악 물질

11. 태아는 무한한 가능성을 지니고 있다.
    * 태아기는 일생 중 최대의 뇌 발육기

사랑이 없으면 태교의 효과는 생기지 않는다.
새로운 생명을 기꺼이 맞이하는 마음이 중요하다.
계란, 우유, 콩을 지나치게 섭취하는 일은 삼가자.

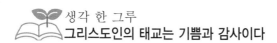
생각 한 그루
그리스도인의 태교는 기쁨과 감사이다

# 성령 충만한 부모가 되라!

어느 날 예수님께서 천국복음을 전하고 계셨다. 많은 사람들이 모여들기 시작을 했다. 사람들은 예수님의 얼굴이 더 잘 보이는 곳에 앉으려고 서로 밀고 밀렸다. 아주 복잡하고 분주한 상황이었다. 그런데 그 무리 속에 어린 아이들도 끼어 있었다. 제자들은 그 아이들을 쫓아내기 시작을 했다.

"애들은 가라! 애들이 무엇을 안다고... 가라!"

그러나 예수님은 제자들을 나무라시면서 말씀하신다.

"어린아이들을 용납하고 내게 오는 것을 금하지 말라 천국이 이런 자의 것이니라."

예수님은 어린아이를 가까이 오게 하시고 그들을 안수해 주셨다. 그러나 대부분의 어른들은 아이들을 무시한다. 아이들은 어리기 때문에 은혜 받을 수 없다고 단정하기도 한다. 때로는 아이들이 하나님께 나아올 수 있는 기회도 박탈해 버린다.

구역예배나 심방 때 아이들을 다른 방으로 보내는 경우를 종종 볼 수 있다.

아이들을 예배와 관계없는 존재로 평가하는 것이다. 마치 성령 충만이나 은혜 받는 것을 어른들만의 것이라고 착각하고 있는 것이다. 은혜는 어른들만 받는 것이 아니다. 어른들만이 성령 충만을 경험할 수 있는 것이 절대로 아님을 알아야 한다.

세례요한은 모태로부터 성령이 충만했던 사람이다. 성경은 태중의 아이도 성령 충만할 수 있다는 사실을 증거 해주고 있다.

> 천사가 그에게 이르되 사가랴여 무서워하지 말라 너의 간구함이 들린지라 네 아내 엘리사벳이 네게 아들을 낳아 주리니 그 이름을 요한이라 하라 너도 기뻐하고 즐거워할 것이요 많은 사람도 그의 태어남을 기뻐하리니 이는 그가 주 앞에 큰 자가 되며 포도주나 독한 술을 마시지 아니하며 모태로부터 성령의 충만함을 받아 이스라엘 자손을 주 곧 그들의 하나님께로 많이 돌아오게 하겠음이라 (누가복음 1:13-16)

성령 충만은 모태로부터 가능하다. 그러므로 우리는 성령 충만한 아이를 출산 할 수 있다. 어머니와 아버지가 성령 충만하면 아이도 성령 충만 할 수 있기 때문이다.

세례요한은 어머니의 뱃속에서부터 성령이 충만했던 사람이었다. 그래서 그는 하나님의 나라에 큰일을 감당한 사람이다.

유대 광야에서 회개의 복음을 전파하던 전도자요, 예수 그리스도의 길을 예비하던 자요, 예수님께 세례를 베풀었던 사람이다.

세례요한의 어머니는 엘리사벳이다. 엘리사벳은 성령 충만한 여인이었다. 하나님은 엘리사벳이 성령이 충만한 신앙을 가진 여인이었기에 그 여인에게서 세례요한을 태어나게 하신 것이다.

> 이 때에 마리아가 일어나 빨리 산골로 가서 유대 한 동네에 이르러 사가랴의 집에 들어가 엘리사벳에게 문안하니 엘리사벳이 마리아가 문안함을 들으매 아이가 복중에서 뛰노는지라 **엘리사벳이 성령의 충만함을 받아** 큰 소리로 불러 이르되 여자 중에 네가 복이 있으며 네 태중의 아이도 복이 있도다 (누가복음 1:39-42)

예수님의 수태를 고지 받은 마리아가 기쁘고 감격한 마음으로 엘리사벳의 집을 방문하게 된다. 마리아가 사가랴의 집에 들어가 엘리사벳에게 문안할 때 엘리사벳의 뱃속에 있는 세례요한이 복중에서 뛰놀았다고 말한다. 엘리사벳은 성령이 충만한 상태에서 마리아를 맞이하고 있다. 결국 엘리사벳이 성령 충만하기에 태중에 있는 세례요한도 성령 충만 할 수 있었던 것이다.

부모 된 우리가 하나님 보시기에 합당한 신앙을 가질 때, 하나님은 우리에게 귀한 아이를 보내신다. 또한 우리가 하나님 보시기에 합당한 신앙이 될 때 우리 속에 있는 아이도 하나님께서 쓰심에 합당한 인물이 될 수 있다.

성령 충만한 부모가 되라. 태중의 아이도 성령 충만하리라. 태중의 아이는 어머니와 탯줄로 연결된 하나이다. 어머니의 감정과 느낌과 호흡을 그대로 느끼고 받아들인다. 어머니가 성령이 충만할 때 태중의 아이도 함께 성령이 충만한 것이다. 임신 중에 부모가 성령이 충만하면 태중의 아이도 성령이 충만하지만, 반대로 부모가 은혜가 없고 찬양이 없고 감사가 없으면 그 시들시들한 신앙을 아이에게 그대로 전수하게 되는 것임을 명심하라.

세례요한이 모태로부터 성령 충만했던 것은 어머니 엘리사벳의 영향인 것이다. 태중의 아이도 성령 충만을 받도록 하라! 모태신앙의 위대함이 그것이 아닌가? 모태신앙은 일평생을 하나님의 사람으로 살아가는 것을 당연히 여기고 살아간다. 그것이 모태신앙의 은혜이다.

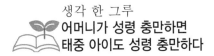

생각 한 그루
어머니가 성령 충만하면
태중 아이도 성령 충만하다

# 아버지의 자격을 갖추어라!

세례요한의 아버지 사가랴는 제사장이다. 그는 아내 엘리사벳과 결혼하여 아이를 낳기를 원했지만 나이가 많이 들 때까지 아이를 갖지 못했다. 그 동안 아이를 낳게 해 달라고 하나님께 수많은 기도를 드렸지만 아이를 낳지 못했다. 그래서 이제는 아이 낳기를 포기했다. 아이를 낳을 수 없을 만큼 늙어 버렸기 때문이다. 그러던 사가랴에게 어느 날 하나님의 천사가 찾아 왔다.

"사가랴여! 네 아내 엘리사벳이 네게 아들을 낳아 주리니 그 이름을 요한이라 하라. 너도 기뻐하고 즐거워 할 것이요 많은 사람도 그의 태어남을 기뻐하리니 이는 그가 주 앞에 큰 자가 되며 포도주나 독한 술을 마시지 아니하며 모태로부터 성령의 충만함을 받아 이스라엘 자손을 주 곧 그들의 하나님께로 많이 돌아오게 하겠음이라."

"내가 그 말을 어떻게 믿겠소? 나도 늙고 내 아내도 나이가 많아 아이를 낳을 수 없는데..."

사가랴는 천사의 말을 믿지 못했다. 왜냐하면 자신과 아내는 이미 너무 늙은 노인이 되었기 때문이다. 천사의 말을 의심하고 믿지 않던 믿음이 없는 제사장 사가랴는 그 순간부터 벙어리가 되었다. 아내 엘리사벳이 수태를 하고 배가 불러 있는 열 달 동안 그는 말을 못하는 벙어리가 된다.

**축복하는 아버지 기도하는 어머니**

사가랴는 참으로 답답했을 것이다. 그러나 그는 침묵을 지키며 말을 못하는 동안 자신의 믿음이 없음에 깊은 회개를 했을 것이다. 그리고 아이를 키울 때는 정말 믿음으로 키울 것이라고 결심을 했을 것이다.

드디어 아내가 아이를 낳았다. 마을 사람을 비롯한 친척들 모두가 기뻐했다. 나이가 많은 노부부가 아이를 낳았으니 신기하기도 하고 일평생 기도를 하더니 응답을 받았다고 축하도 했을 것이다. 그리고는 친족들이 이제 태어난 아이의 이름을 아버지의 이름을 따서 '사가랴'라고 하자고 의견을 내어놓았다. 이 말을 듣고 있던 벙어리 사가랴의 머리에 번개처럼 떠오르는 천사의 말이 생각이 났다.

"아들을 낳으면 이름을 요한이라 하라."

사가랴는 말을 못하고 서판을 달라고 했다. 그리고 그 서판에 이름을 '요한'이라고 써 주었다. 아들의 이름을 요한이라고 하라고 서판에 씀과 동시에 그의 벙어리 된 입이 풀려 말을 하게 되었다.

사가랴의 벙어리가 됨은 우리에게 깊은 교훈을 준다. 아버지가 된다는 것, 어머니가 된다는 것이 얼마나 중요한가를 말해 준다. 만약 사가랴가 벙어리가 되지 않았다면 어떻게 되었을까? 천사를 만난 뒤에 수많은 사람을 만날 때마다 불신앙의 말을 하며 입으로 죄를 지었을 것이다.

"하나님도 참, 내 나이가 몇인데 아이를 낳는다는 거야, 내 마누라는 어떻고 내 마누라가 얼마나 늙었는데..."

불신앙의 말을 하는 부모가 될 바에는 차라리 벙어리가 되는 것이 더 나을 것이라는 교훈이다. 하나님은 오히려 그것을 원하신다. 부모가 되어 하나님이 원하는 믿음은커녕 불신앙의 말을 할 바에는 차라리 벙어리가 되는 것이 더 낫다는 뜻이다.

부모가 된다는 것은 믿음으로 살아야 하는 것이다. 믿음이 있는 부모! 믿음이 바로 부모의 자격이다.

가끔은 아이들이 "아버지!"라고 부를 때 문득 내 가슴 깊이 던져보는 질문이 있다. 내가 정말 아들로부터 아버지라는 말을 들을 자격이 있는가? 아들에게 부끄럽지 않은 아버지가 되어야겠다고 생각 할 때가 한 두 번이 아니다.

진정한 아버지의 자격이 무엇이라고 생각하는가? 하나님 앞에 바로 선 아버지, 신실한 믿음을 가진 아버지가 진정한 아버지가 아닌가?

우리 주위에 영적인 벙어리 아버지들이 너무도 많이 있다. 아들을 위해 한 번도 입을 열어 기도해 주지 못하는 벙어리 아버지, 아이들과 한 번도 아름다운 하나님의 이름을 찬양해 본적이 없는 벙어리 아버지, 아이들을 위해 한 번도 하나님의 말씀을 읽어 주지 못하는 벙어리 아버지, 산과 들을 여행하면서 한 번도 하나님의 신비한 창조를 이야기 해주지 못하는 벙어리 아버지, 간혹 아이들이 하나님에 관해 물어올 때 한 번도 제대로 된 대답을 해 주지 못하는 벙어리 아버지, 당신은 벙어리 아버지가 아닌가?

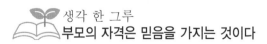
생각 한 그루
부모의 자격은 믿음을 가지는 것이다

# 태중의 아이를 축복하라!

나사렛이란 마을에 마리아라는 여인이 살고 있었다. 그 여인은 다윗의 자손 요셉이라는 청년과 정혼한 상태였다. 어느 날 그 여인에게 하나님의 천사가 나타났다.

"마리아여 무서워 말라 네가 하나님께 은혜를 얻었느니라 보라 네가 수태하여 아들을 낳으리니 그 이름을 예수라 하라 저가 큰 자가 되고 지극히 높으신 이의 아들이라 일컬을 것이요 주 하나님께서 그 조상 다윗의 위를 저에게 주시리니 영원히 야곱의 집에 왕 노릇 하실 것이며 그 나라가 무궁하리라."

"나는 사내를 알지 못하니 어찌 이 일이 있으리이까." 놀란 마리아가 천사에게 말하였다.

"성령이 네게 임하시고 지극히 높으신 이의 능력이 너를 덮으시리니 이러므로 나실 바 거룩한 자는 하나님의 아들이라 일컬으리라 보라 네 친족 엘리사벳도 늙어서 아들을 배었느니라 본래 수태하지 못한다 하던 이가 이미 여섯 달이 되었나니 대저 하나님의 모든 말씀은 능치 못하심이 없느니라."

마리아가 가로되 "주의 계집종이오니 말씀대로 내게 이루어지리다." 하매 천사가 떠나갔다.

이때에 마리아가 일어나 빨리 산중에 가서 유대 한 동네

**축복하는 아버지 기도하는 어머니**

에 이르러 사가랴의 집으로 갔다. 놀라기도 하고 기쁘기도 한 마음을 가지고 친족이 되는 엘리사벳에게 이 소식을 전하기 위함이었다. 마리아가 사가랴의 집에 들어가 엘리사벳에게 문안하였다.

엘리사벳이 마리아의 문안함을 들을 때 자신의 복중에 있는 아이가 뛰놀고 있음을 느낄 수 있었다. 엘리사벳이 성령의 충만함을 입어 큰 소리로 불러 가로되 "여자 중에 네가 복이 있으며 네 태중의 아이도 복이 있도다 내 주의 모친이 내게 나아오니 이 어찌 된 일인고 보라 네 문안하는 소리가 내 귀에 들릴 때에 아이가 내 복중에서 기쁨으로 뛰놀았도다 믿은 여자에게 복이 있도다 주께서 그에게 하신 말씀이 반드시 이루리라."

여기에서 우리가 중요하게 생각해야 되는 것이 있다. 엘리사벳의 태중에 있는 세례요한은 예수님을 잉태한 마리아가 자신의 집에 들어왔을 때 복중에서 기뻐 뛰놀았다는 점이다. 세례요한은 비록 어머니의 뱃속에 있었지만, 성령 충만했을 뿐 아니라 훗날 자신이 세례를 베풀고 섬겨야 할 예수를 알고 느낄 수 있었던 것이다.

엘리사벳과 마리아처럼 우리도 성령 충만하면 우리 태중에 있는 아이도 얼마든지 성령 충만과 영적 은혜를 느낄 수 있다는 사실을 알아야 한다. 그리고 또 하나 중요한 사실은 엘리사벳이 마리아의 태중에 있는 예수님을 축복하고 있다는 점이다.

"네 태중의 아이도 복이 있도다!"

태중의 아이도 얼마든지 기도를 받을 수 있고, 축복함을 받을 수 있는 영적 존재이다. 이미 하나님께서 생명을 허락하신 존재이다. 당연히 기도를 받을 자격이 있고 축복을 받을 자격이 있다.

그러므로 아이를 임신 중에 있는 부모들은 하루에 한 번 이상 반드시 아이를 축복하는 기도를 드려야 한다. 특히 아버지가 아내의 배에 손을 얹고 날마다 태중에 있는 아이를 위해 기도를 하면 좋겠다. 태중의 아이가 성령 충만 하도록 기도해야 한다. 건강하도록 기도해야 한다. 지혜와 명철이 넘치도록 기도해야 한다. 또한 순산을 위해서도 날마다 기도해야 한다.

보통 나이를 계산할 때 우리나라 사람들과 서양 사람들의 계산법이 다르다. 우리나라 사람들은 아이를 낳으면 보통 한 살이라고 한다. 그러나 서양 사람들은 아이가 태어나면 0살이다. 그 아이가 만1년이 지나야 한 살로 인정을 한다. 언뜻 생각하기에는 서양의 계산법이 맞는 것 같아 보인다. 그러나 가만히 생각해 보면 우리나라의 계산법이 더 과학적이고 성서적이라고 할 수 있다. 왜냐하면 아이가 이 세상에 태어나기 전에 약 1년 동안 어머니 뱃속에서 이미 살고 있었다. 분명히 생명과 영혼을 소유한 인격체로서 분명히 존재하고 있었던 것이다. 어머니 뱃속에서 이미 1년을 거의 채운 인격체로 존재하고 있었다. 그러니 태어나면 한 살이라고 하는 것이 당연한 것이 아닌가?

태중의 아이도 분명히 기도와 축복을 받을 수 있는 영적 존재임을 기억하라. 그리고 그 아이를 위해 날마다 기도하고 축복함을 잊지 말라.

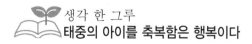
생각 한 그루
**태중의 아이를 축복함은 행복이다**

# 축복하는 아버지로 살라!

하나님은 우리 인간에게 복을 주시기 위해 세 가지 통로를 통해서 복을 주시도록 만드셨다.

첫 번째 통로가 하나님이다. 하나님은 우리에게 복을 주시는 하나님이다. 하나님을 경외하고 섬기는 나라와 민족과 개인은 하나님이 복을 내려 주신다고 성경에 약속하셨다. 오늘날 전 세계를 볼 때도 하나님 잘 섬기는 나라가 경제적으로나 정치적으로나 문화적으로 모든 분야에서 선진국이고 잘 산다는 사실을 알 수 있다. 반대로 우상을 숭배하는 나라들은 대부분이 정치나 경제나 문화가 후진국을 면치 못한다는 사실을 잘 알 수 있다. 그러므로 하나님을 잘 섬기는 부모가 된다는 것은 자손에게 복을 받게 하는 결과를 남겨 주는 것이다.

오늘날 전 세계를 다스리고 있는 미국이란 나라는 그들의 선조였던 청교도들의 헌신적인 신앙의 결과이다. 선조들이 뿌렸던 신앙의 씨앗의 열매를 오늘날 그 후손들이 따먹는 것이다.

두 번째 통로가 제사장이다. 성경에 많은 부분에 제사장들은 백성들을 위해 축복을 했다. 하나님은 제사장인 아론에게 축도권을 주셔서 그 백성을 위해 기도하게 하셨고, 바울에게 축도권을 허락하사 기도하게 하셨다.

> 여호와는 네게 복을 주시고 너를 지키시기 원하며 여
> 호와는 그의 얼굴을 네게 비추사 은혜 베푸시기를 원
> 하며 여호와는 그 얼굴을 네게로 향하여 드사 평강 주
> 시기를 원하노라 (민6:24-26)

> 주 예수 그리스도의 은혜와 하나님의 사랑과 성령의
> 교통하심이 너희 무리와 함께 있을지어다 (고후13:13)

제사장은 오늘날 목회자이다. 목회자가 주일날 축도할 때
하나님의 복을 받는 마음으로 받아야 한다. 목회자는 하나님
의 복이 임하는 통로라는 사실을 기억하여 예의와 질서를 그
리고 순종하기를 아끼지 말아야 한다.

세 번째 통로가 아버지이다. 아브라함이 이삭을 축복했
다. 이삭이 야곱을 축복했다. 야곱이 요셉을 포함한 열 두 아
들을 축복했다. 축복하는 것이 얼마나 중요한지 야곱과 에
서를 보면 너무도 잘 알 수 있다. 야곱은 형 에서의 장자권을
빼앗고 아버지로부터 형의 복을 가로챈 사람이다. 형과 원수
가 되어 외삼촌 라반의 집으로 피신할 정도로 아버지의 축복
은 권위가 있는 것이다.

성경에 나오는 노아는 포도농사를 지었다. 포도주를 만들
어 먹는 일이 그 때에도 있었다고 성경은 증거하고 있다. 하
루는 아버지 노아가 포도주를 너무 많이 먹는 바람에 하체를

드러내어 놓고 낮잠을 자게 되었다. 노아에게는 셈, 함, 야벳이라는 세 아들이 있었다. 아버지의 실수를 먼저 발견한 동생 함은 밖에 나가 그 형제들에게 아버지의 실수를 떠벌였다. 그러나 그 형들은 아버지의 하체를 보지 않으려고 옷을 들고 뒷걸음쳐 들어가서 아버지의 하체를 덮어 드렸다. 그들은 아버지의 하체를 보지 않았다. 아버지 노아가 잠에서 깨어 그 사실을 알고 작은 아들 '함'을 저주하게 된다. 함은 훗날 그 형제들의 종이 되는 저주를 받게 되었다. 함의 후손들이 바로 오늘날 흑인들이다. 흑인들은 노예해방이 있기까지 백인들의 종이 되어 백인들에게 멸시와 천대를 받는 저주를 받게 된 것이다.

아버지의 축복과 저주가 이렇게 무서운 것이다. 하나님은 그 축복권을 아버지들에게 주셨다. 그러기에 아버지들은 자신의 자손들을 축복할 수 있는 권한이 있음을 알아야 한다. 자신에게 그렇게 좋은 축복권이 있음을 알고도 자녀를 축복하지 않는다면 참으로 어리석은 자라고 할 수 있다.

필자의 가정은 매일 자녀들을 축복한다. 아이들이 태어날 때부터 거의 하루도 빠짐없이 자녀들을 축복했다. 아이들이 하루 일과를 마치고 잠자리에 드는 시간에 그들의 머리에 손을 얹고 기도를 해왔다. 그리고 아침이 되어 학교에 등교할 때는 언제든지 현관에서 그들을 끌어안거나 머리에 손을 얹고 기도를 한다.

하루에 한 두 번이 아무것도 아닌 것 같지만, 숫자로 헤아

**축복하는 아버지 기도하는 어머니**

려 본다면 태어나서 성년이 되기까지 잠자리 기도는 7,000번이 넘고, 등교기도는 유치원부터 계산하면 5,000번이 넘는 것 같다. 필자는 이 기도를 자녀가 대학교에 입학하는 날까지 실천했다. 대학교에 입학해서는 스스로 기도하도록 지도했다. 자녀를 위해 기도한다는 것이 얼마나 감사하고 귀한 일인가?

아버지들이여! 하나님께로부터 받은 축복권을 묻어두지 말자. 자녀를 마음껏 축복하자.

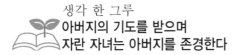

생각 한 그루
아버지의 기도를 받으며
자란 자녀는 아버지를 존경한다

# 기도하는 어머니로 살라!

성경에 보면 기도하는 여인이 소개된다. 그 여인이 바로 사무엘의 어머니인 한나라는 여인이다. 이 여인은 아이를 낳지 못했다. 그래서 이 여인은 고민도 많이 했고 울기도 많이 했다. 남편으로부터 극진한 사랑을 받았고 또 위로도 받았지만 이 여인은 그것으로 만족할 수가 없었다. 여자로서 자신이 직접 꼭 아이를 낳고 싶었다. 그래서 이 여인이 매일같이 성전에 들어가서 하나님께 기도를 했다.

"나에게 아들을 주십시오. 주시면 주님께 바치겠나이다."

얼마나 진지하고 간절한 기도를 했겠는가?

이렇게 보면 이 여인은 지극히 동양적이었다. 여자로서 아이를 낳지 못하는 것을 죄스럽게 생각해서 아이를 낳으려고 애를 쓰고 있다. 이것은 어쩌면 동서양을 따지기 이전에 여인의 본능일 것이다. 많은 독신녀들이 "결혼은 하고 싶지 않으나 아이는 낳아 기르고 싶다"는 생각을 가지고 있다고 한다. 그것도 하나의 본능 때문일 것이다.

유대인에게는 세 가지 수모가 있다고 한다. 첫째는 여자가 머리 빠지는 것이다. 이를테면 여자 대머리다. 그 모습이 얼마나 흉하겠는가? 그래서 이것이 여인의 수모이다. 둘째는 결혼 못하는 것이다. 지금은 독신녀들이 많은 시대니까 요즘에 이것은 큰 흉이 아닐 것이다. 셋째는 아이를 낳지 못하는 것이다. 그래서 유대인의 전통에는 여인들이 결혼을 해서 3년 안에 아이를 낳지 못하면 남편을 다른 여인에게 양보하도록 되어 있다.

여기 한나가 바로 그런 처지에 놓여 있었다. 결혼해서 3년이 지났는데도 아이를 낳지 못했다. 그래서 남편을 양보했다. 브닌나라는 자신의 몸종을 남편에게 주었다. 평소 이 몸종이 아주 순종을 잘하고 착하고 양순해서 마음 놓고 남편에게 주었다. 이 여인이 마침내 남편의 아이를 잉태했다. 그런데 이때부터 착하고 양순하게만 보이던 몸종이 갑자기 포악스러워지고 방자하고 도도해지기 시작하는 데 차마 눈뜨고 볼 수가 없다. 본처가 첩을 무시하는 것이 아니고 첩이 본처를 무시하고 업신여기고 학대하기 시작했다. 한나는 이것이 더 서러웠다.

이 서러움을 극복하기 위해 한나가 성전에 앉아서 얼마나 간절하게 기도를 했던지 성경을 보면 얼굴이 벌겋게 달아올랐고 음성도 내지 않고 입술만 움직이면서 기도를 하고 있었다고 했다. 그 모습을 본 엘리 제사장이 그만 술 취한 줄 알고 큰 소리로 "네가 언제까지 취하여 있겠느냐 포도주를 끊으라." 고 했을 정도이다. 한나는 너무나 간절하게 기도를 하는 바람에 술 취한 것같이 기도에 심취해 있었다.

결국 한나는 기도 응답을 받아서 아들을 낳았다. 그 아들이 사무엘이다. 그렇게 귀한 아들을 낳아서 젖 뗄 만큼 키웠

다. 약속대로 젖을 떼자마자 아이를 데려다 엘리 제사장에게
맡긴다. 이 아이는 이미 내 아이가 아니다. 내 품에 끼고 살
수 있는 그런 아들이 아니다. 그래서 약속대로 하나님의 아
이로 성전에서 자라도록 보내는 것이다.

자신에게 있어서는 아주 귀한 아이였지만 서원대로 아이
가 자라자 하나님께 갖다 바친다. 그리고 아이가 보고 싶으
면 가까이 가서 안아 보지도 못하고 먼발치서 아이가 놀고
있는 모습만 보고는 눈물지으면서 그냥 돌아온다. 그러니 그
심정이 얼마나 눈물겨운가? 이 땅에 사무엘이라는 사람이
존재하게 된 데는 이런 애처로운 사연이 있었기 때문이다.

그런데 그런 애처로운 모습을 바라보다가 조용히 눈물짓
고 그냥 돌아가는 그 여인의 뒷모습을 바라보던 엘리 제사장
이 감동을 받는다. 그래서 돌아가는 한나를 불러 놓고 축복
기도를 해준다.

"여호와께서 이 여인으로 말미암아 네게 후사를 주사 이
가 여호와께 간구하여 얻어드린 아들을 대신하게 하시기를
원하노라." 하고 축복해 준다.

하나님께서 그 후에 한나에게 "세 아들과 두 딸을 주셨
다."고 했다. 하나를 바치고 다섯을 얻은 것이다.

기도로 아들 사무엘을 낳고, 그 아들을 하나님과 약속대
로 젖을 떼자마자 하나님께 바친 어머니의 신앙! 그 신앙과
기도의 어머니가 있었기에 사무엘은 믿음으로 자라나 이스
라엘 역사상 위대한 인물로 자라게 되는 것이다.

기도하는 여인이 되자. 자녀들을 위해서는 기도하는 어머니가 되자. 자식의 장래는 어머니의 기도에 달려 있다. 자식에게 믿음의 본을 보이는 어머니가 되자. 자식이 훗날 어머니를 평가할 때 "우리 어머니는 평생 기도하시던 분이셨습니다." 라는 고백을 할 수 있을 만큼 기도하는 생을 살자.

또한 남편에게는 기도하는 아내가 되자. 남편을 가장 잘 내조하는 방법이 기도로 뒷받침이 되어 주는 것이다. 남편의 영성과 건강과 일터를 위해 기도하자. 남편의 믿음은 아내가 만드는 것이다. 성숙한 아내일수록 믿음 좋은 남편을 만드는 것이다.

생각 한 그루
장성한 자녀가 가장 자랑스러워함은
기도하는 어머니를 둠이다.

# 자녀가 우상이 되지 않도록 하라!

엘리는 스스로 품행이 단정하고, 사무엘을 성공적으로 교육시켰지만 자신의 아들들을 다스리는 데는 실패했다. 그 아들들은 하나님을 알지 못했으며, 여호와 앞에 드리는 희생제물을 착복했다. 더군다나 회막 경내에서 간음죄까지 범했다. 엘리의 아들들은 화목제를 드릴 때도 죄를 범했다. 화목제는 하나님께 화제로 드릴 것과 제사장의 몫과, 또 제사를 드린 제주의 것으로 구분되어 있다.(레7:28-36). 엘리의 아들들은 정해진 제사의 규례를 무시하고 자기 편리대로 행했다.

너희는 어찌하여 내가 내 처소에서 명한 내 제물과 예물을 밟으며 네 아들들을 나보다 더 중히 여겨 내 백성 이스라엘이 드리는 가장 좋은 것으로 너희들을 살지게 하느냐 그러므로 이스라엘의 하나님 나 여호와가 말하노라 내가 전에 네 집과 네 조상의 집이 내 앞에 영원히 행하리라 하였으나 이제 나 여호와가 말하노니 결단코 그렇게 하지 아니하리라 나를 존중히 여기는 자를 내가 존중히 여기고 나를 멸시하는 자를 내가 경멸하리라 (삼상2:29-30)

하나님께서는 엘리 가문의 멸망을 가져온 큰 죄악을 두

가지로 요약하신다. 하나님의 제사를 무시한 것(내 제물과 예물을 밟으며)과 하나님보다 아들을 더 중히 여긴(네 아들들을 나보다 더 중히 여겨) 죄악이다.

이 세상에서 하나님보다도 더 귀중히 여기는 것은 모든 것이 우상숭배이다. 하나님께서는 하나님 외에 다른 어떤 것을 하나님보다 더 사랑 할 때에 그 백성들을 멸하실 것이다. 엘리 제사장의 가정은 하나님께 드리는 제사를 무시한 죄와 아버지가 아들들을 하나님보다 더 사랑한 우상숭배가 죄가 된 것이다.

성경에는 엘리 제사장의 가문을 향한 멸망이 선언되어 있다. 그리고 훗날 그 멸망이 그 가문에 그대로 이루어졌다.

보라 내가 네 팔과 네 조상의 집 팔을 끊어 네 집에 노인이 하나도 없게 하는 날이 이를지라 이스라엘에게 모든 복을 내리는 중에 너는 내 처소의 환난을 볼 것이요 네 집에 영원토록 노인이 없을 것이며 내 제단에서 내가 끊어 버리지 아니할 네 사람이 네 눈을 쇠잔하게 하고 네 마음을 슬프게 할 것이요 네 집에 출산되는 모든 자가 젊어서 죽으리라 네 두 아들 홉니와 비느하스가 한 날에 죽으리니 그 둘의 당할 그 일이 네게 표징이 되리라 내가 나를 위하여 충실한 제사장을 일으키리니 그 사람은 내 마음, 내 뜻대로 행할 것이라 내가 그를 위하여 견고한 집을 세우리니 그가 나의 기름 부음을 받은 자 앞에서 영구히 행하리라 그리고 네 집에 남은 사람이 각기 와서 은 한 조각과 떡 한 덩이를 위하여 그에게 엎드려 이르되 청하노니 내게 한 제사장의 직분 하나를 맡겨 내게 떡 조각을 먹게 하소서 하리라 하셨다 하니라 (사무엘상 2:31-36)

하나님은 우리가 하나님 외에 다른 어떤 것을 더 사랑하는 것을 원하시지 않는다. 하나님보다 더 사랑하는 것이 있다면 그것이 곧 우상이다. 우상이란 것은 다른 것이 아니라 하나님이 부여하신 가치보다 그 이상의 가치를 부여하는 것 모두를 말한다. 하나님이 물질에 부여하신 의미 이상의 것을 부여하면 돈이 곧 우상이 되는 것이다. 쉽게 말하면 돈을 하나님보다 더 사랑한다면 돈이 우상이요, 취미를 하나님보다 더 좋아한다면 취미가 곧 그 사람에게 우상이다. 마찬가지로 자녀를 하나님보다 더 사랑한다면 자녀가 곧 우상이다.

자녀를 위해 최선을 다해야 한다. 자녀를 사랑해서 하나님이 원하는 자녀로 양육해야 하는 책임이 있다. 그러나 자녀를 하나님보다 더 사랑해서는 안 된다. 하나님이 원하시는 자녀로 키워야 할 뿐이다.

자녀를 믿음과 신앙으로 바로 교육하지 못했던 제사장 엘리를 보라. 그는 자녀를 사랑한 것이 아니다. 자녀를 망친 것이다. 자녀들이 하나님의 법을 떠나 자기 마음대로 살도록 내버려두었고, 그 자녀들은 불법을 자행하고 회막 경내에서 간음죄를 짓기도 하는 타락을 보여 주었다. 그 결과 그 가문은 하나님의 저주를 받아 멸망하게 된 것이다.

매를 아끼는 자는 그의 자식을 미워함이라 자식을 사랑하는 자는 근실히 징계하느니라 (잠13:24)

상하게 때리는 것이 악을 없이 하나니 매는 사람의 속에 깊이 들어가느니라 (잠20:30)

아이를 훈계하지 아니하려고 하지 말라 채찍으로 그를 때릴지라도 죽지 아니하리라 네가 그를 채찍으로 때리면 그의 영혼을 스올에서 구원하리라 (잠23:13-14)

채찍과 꾸지람이 지혜를 주거늘 임의로 행하게 버려둔 자식은 어미를 욕되게 하느니라 (잠29:15)

자녀를 사랑하자. 진정으로 자녀를 사랑함은 자신의 자녀가 믿음과 신앙으로 올곧게 자라게 하는 것이다. 자녀가 우상이 되어 자녀에게 쩔쩔매며 차마 자녀에게 매를 드는 것을 가슴 아파하여 매를 들지 못함으로, 자녀가 버릇없이 성장한다면 그것은 곧 자식을 망치는 부모가 되는 것이다.

자녀들의 신앙을 위해서 매를 들어야 한다. 성적이 떨어지고 부모의 말에 불순종 했을 때도 물론 매를 들어야겠지만, 그보다 더 중요한 것은 주일성수를 하지 않고 들로 산으로 놀러간 것을 죄로 여겨 매를 들어야 한다. 무엇보다 신앙으로 자라도록 훈육해야만 한다.

생각한 그루
자녀를 신앙으로 키우지 못한 부모는
그 자녀로부터 영원히 원망을 듣는다

# 2부

# 주님!
## 저희가 **이렇게**
## 가르치겠어요!

우리가 할 수 있는 것이 무엇이 있을까?
우리가 할 수 있는 것은 아무것도 없다.
나도, 나의 생명도, 그리고 나의 일도,
내 마음대로 되는 것은 아무것도 없다.
특히나 내 것인 줄 알고 살아왔던 내 자녀도
내 마음대로 되지가 않는다.
내가 생각하는 대로만 커 준다면 좋겠지만
그것은 불가능하다.
그러기에 우리가 할 수 있는 것은
하나님 앞에 내어놓는 일밖에는 없다.
하나님께서 우리의 자녀를 만드시도록 그 분께 드리자.
한나가 사무엘을 하나님께 드렸듯이 그렇게 드리자.

# 자녀에게 예배를 가르쳐라!

미국의 조상, 청교도들은 신앙을 잘 지키기 위하여 미국에 온 사람들이다. 집과 물질 모든 것을 영국에 내버려두고 하나님 잘 믿겠다고 온 사람들이 청교도들이다. 청교도 시절부터 미국의 기본적인 사고는 Having(소유) 즉, 무엇을 가졌는가, 돈을 가졌는가, 힘을 가졌는가, 능력을 가졌는가 Having의 문제에 있지 않았다. 그들이 묻고 관심을 가진 것은 Having이 아니라 Being(존재) 즉, 어떤 존재가 되어야하는가 였다. Being의 문제, 존재의 문제, 자신이 어디에서 왔고 누가 자신을 이끄는지를 아는 것이 그들에게 가장 중요한 물음이었다. 바로 만물을 창조하신 하나님께서 생과 사를 그리고 물질과 축복을 허락하신다는 것을 믿은 것이다. 하나님은 자신의 존재를 묻는 자, 자신의 위치를 알고 겸손히 주님께 나오는 자를 쓰신다. 바로 청교도, 미국의 조상들이 그러했다.

한 가지 더 예를 들어보면, 우리가 청교도라 하면 미국밖에 없는 줄 알지만 그렇지 않다. 영국에서 핍박을 받았던 청교도들이 간 곳이 미국이라면 프랑스에서 핍박을 받았던 청교도들이 간 곳이 어디인가? 바로 알프스 산이었다. 그 알프스 산 깊은 곳으로 들어가서 신앙을 지키려 했던 것이다. 그

가운데 생겨난 국가가 바로 스위스라는 나라이다. 그들이 모여서 기도하고 그들이 모여 살던 땅이 바로 지금의 스위스 제네바다. 지금도 인구가 700만 정도 밖에 안 되는 작은 나라이다. 하지만 이 스위스 제네바에는 세계의 금융업 본산이 있다. 웬만한 돈은 다 이곳에 있을 정도로 거대하다. 세계 국제기구들이 대부분 모여 있다.

미국도 그랬고 스위스도 그랬다. 땅에 관심이 아니라, 물질에 관심이 아니라 하나님 앞에 어떻게 살아야 되느냐에 대해서 관심을 갖고, 거기에 맞추어 영적 훈련을 했더니 하나님이 자손에게 축복을 주셨고 또한 엄청난 물질의 축복을 허락하셨다는 것이다. 금도 내 것이요 은도 내 것이라고 하신 바로 전지전능하신 하나님의 놀라운 축복을 받은 자들이다.

예배를 드린다는 것은 하나님의 이름을 높여 드리는 것이다. 하나님을 찬양하는 것이다. 하나님은 당신의 이름을 높이는 자를 오히려 높여 주겠다고 분명히 약속하셨음을 알자.
예배드리기를 즐거워하라. 왜냐하면 예배는 곧 축복이기 때문이다. 아브라함이 믿음의 조상이요, 복의 근원이 된 것에는 이유가 있다. 그 사람은 예배를 아주 중요시하고 예배드리기를 행복해 하는 예배의 사람이었기 때문이다. 아브라함은 가는 곳마다, 옮기는 장소마다 하나님을 위하여 단을 쌓는 예배의 사람이었다. 출애굽기 20장11절에서는 안식일을 복 받는 날이라고, 복된 날이라고 표현하고 있다.

예배가 있는 곳에 하나님의 축복이 있다. 예배를 행복해하는 자녀로 키우라. 예배를 즐거워하는 자녀로 키우라. 우리가 사는 삶의 목적은 예배를 드리기 위해 사는 것임을 가르치라. 하나님을 경외하는 것이 인생의 목적이라고 가르치라. 우리 인간을 창조하신 하나님의 목적이 인간으로 하여금 영광 받으시기 위함이었다. 그러니까 우리 인생의 목적은 예배를 위해 존재한다고 볼 수 있다.

예배를 즐겨야 한다. 예배드리는 것을 인생 최대의 기쁨과 행복으로 여겨야 한다. 예배드리기를 행복해하고 즐거워하는 사람은 준비된 예배를 드릴 수 있다. 사모하는 마음으로 준비된 예배가 하나님 보시기에 아름다운 예배이다. 한 주간을 살아갈 때, 주일날 교회 가기 위해 기다리고 준비하는 사람이 되어야 한다. 어떤 사람은 주일날 입고 갈 옷과 신발을 미리 준비해서 세탁을 하거나 손질을 한다. 또 어떤 사람은 주일날 하나님께 드릴 헌금을 깨끗한 돈으로 드리고 싶어 은행에서 신권을 구하거나 다림질을 해서 드리는 정성된 마음의 예배도 있다.

영과 진리로 예배를 드려야 한다. 영과 진리로 드리는 예배란 하나님을 만나는 예배이다. 예배를 드릴 때마다 하나님을 만나는 예배가 진정한 예배이다. 형식과 습관적인 예배는 하나님이 원하시는 예배가 아니다. 우리들의 자녀가 예배를 통하여 하나님을 만나고, 하나님이 주시는 은혜와 응답을 받고, 성령 충만을 체험해야 한다.

행복한 예배를 드리자. 예배는 곧 축복이기에 예배는 행복한 것이다.

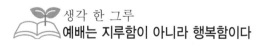
생각 한 그루
**예배는 지루함이 아니라 행복함이다**

# 자녀에게 기도를 가르쳐라!

우리나라에 특이한 인사법 하나가 있다. '배꼽인사'라는 것이다. 이 배꼽인사는 아마도 유치원에서 아이들에게 인사하는 습관을 가르치기 위해 시작된 듯싶다. 손을 가지런히 모아 배꼽위에 대고 머리를 숙여 인사하는 것이 배꼽인사이다.

이제 막 걸음마를 배운 아이에게 어머니들은 인사를 시킨다.

"배꼽인사…"

"배꼽인사 해야지… 얼른!"

그리고는 손으로 아이의 머리를 누르면서 기어이 배꼽인사를 시킨다. 아이는 반 강제적으로 당하는 일이지만 두 손을 배꼽에 대고 엉거주춤 인사를 한다.

이 인사는 아무것도 아닌 것 같지만, 위대한 정신문화의 출발이다. 예절이라는 가장 기초를 다지는 것이고, 이런 교육과 행위가 한 나라의 기본을 만들어 가는 것이라고 생각한다. 어릴 때부터 인사를 가르치지 않으면 점점 예의와 예절을 모르는 사람으로 변해 가기 때문이다.

아이들을 키우면서 기도하는 것을 가르치는 것 또한 아주 중요한 신앙기초를 다지는 것이다. 보통 부모들은 아이들이 아직 어리기 때문에 기도를 가르치는 것을 대수롭게 여기지 않는다. 그러나 그것은 잘못된 것이다. 어릴 때부터 기도하는 법을 가르쳐야 하고 기도하는 습관을 익혀야 한다. 아이가 태어나서 말을 알아듣지 못하고 말을 하지 못한다하더라도 엄마는 아이에게 기도를 가르쳐야 한다.

"아가야! 맘마 먹자…"

"하나님! 우리 아가가 맘마를 먹습니다. 소화 잘되게 하시고 건강하게 해주셔서, 하나님의 일꾼으로 잘 자라게 해 주세요! 예수님의 이름으로 기도합니다."

기도를 마치고 젖을 먹이거나 밥을 먹여야 한다. 물론 아이는 말을 알아듣지도 못할 만큼 어리다. 그래도 해야 한다. 그리고 아이가 자라서 유치원을 다닐 만큼 크면 이제는 아이와 함께 기도를 해야 한다.

"하나님, 우리 요한이 식사합니다. 꼭꼭 잘 씹어 먹게 해주세요. 소화도 잘 되게 해 주시고, 건강하게 해 주시고, 잘 자라게 해 주세요. 예수님 이름으로 기도합니다."

아이와 함께 식사기도 찬송을 해도 좋겠다.

"날마다 우리에게 양식을 주시는 고마우신 하나님 참 감사합니다. 아멘."

아이가 자라서 초등학생이 되면 스스로 기도하게 훈련해야 한다. 온 가족이 모여서 식사를 할 때도 아버지가 기도하는 날과 어머니가 기도하는 날, 아이들이 기도하는 날을 정하여 돌아가면서 기도하는 습관을 기르는 것은 매우 중요하다.

식사할 때 기도하는 법, 잠자리에 들 때 기도하는 법, 아침에 일어나서 기도하는 법, 공부할 때 기도하는 법, 교회에 가서 기도하는 법 등등 상황에 따라 기도하는 법을 가르쳐야 한다. 생활 속에서 늘 기도하도록 가르쳐야 한다.

다윗은 어려서부터 부모님을 도와 양을 치는 목동의 일을 했다. 양을 돌보는 법을 배우고, 간혹 사나운 짐승이 양을 잡아먹으려고 덤벼들 때 어떻게 해야 하는지 부모와 형들로부터 배웠다.

물맷돌을 돌려 맹수를 쓰러뜨리는 기술도 배웠다. 짐승의 뿔을 잡고 급소를 쳐서 쓰러뜨리는 힘도 길렀다. 조금 한가할 때면 수금을 키며 하나님을 찬양하고 기도하기도 했다. 그는 수금을 키는 것, 찬양을 하는 것, 기도를 하는 것들이 생활 속에서 습관처럼 몸에 배어 있었다.

훗날 골리앗을 만났을 때에 담대하게 나가 싸울 수 있었던 것은 어릴 적부터 배우고 실천해 온 것들이 있었기 때문이다.

사울 왕이 악신이 들려 괴로워 할 때도 다윗은 평소 하던 대로 수금을 켜서 악신을 쫓아낼 수 있었다. 그것도 어릴 적부터 해오던 것을 그냥 실천했을 뿐이다.

기도도 마찬가지이다. 기도하는 나이가 정해진 것도 아니다.

'초등학교에 들어가면 기도를 가르쳐야지...'

'중학생쯤 되어야 기도를 할 수 있겠지...'

'나중에 자라서 교회에 가면 저절로 배워지는 것이겠지...'

모두가 잘못된 생각이다. 기도는 어머니의 태중에서부터 시작되는 것이다. 그 때부터 기도를 받으면서 기도를 배우는 것이다.

하나님의 말씀은 영혼의 양식이다. 사람이 떡으로만 사는 것이 아니요 하나님의 말씀으로 말미암아 사는 것이다. 사람은 하나님의 말씀을 먹어야 만족한 인생을 살 수 있다. 하나님의 말씀을 먹어야 행복감을 누릴 수 있는 것이다.

마찬가지로 기도는 영혼의 호흡과도 같다. 호흡을 하지 못하면 육신이 죽는 것처럼, 영혼의 호흡인 기도를 하지 않으면 점차 하나님을 향한 영적인 신앙이 죽어 갈 수 밖에 없다.

그러므로 아이들에게 기도를 가르쳐야 한다. 배꼽인사를 가르치듯이 어릴 적부터 생활 속에서 기도를 실천하도록 해야 한다. 습관은 하루아침에 만들어 지는 것이 아니다. 기도라는 영적습관 역시 이르면 이를수록 좋다는 것을 명심하라.

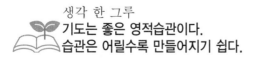

생각 한 그루
기도는 좋은 영적습관이다.
습관은 어릴수록 만들어지기 쉽다.

# 자녀에게 성경을 가르쳐라!

대부분의 부모들이 자녀들에게 학교공부를 위해서는 엄청난 투자를 아끼지 않는다. 성적을 위해서라면 학원도 보내고 개인교습을 시켜서라도 목표를 이루게 한다.

거기에 비해서 성경을 가르치는 일에는 소홀하다. 오히려 시험이 있는 기간에는 학원에 보내느라 교회에는 결석을 강요한다. 참으로 안타까운 일이다.

세계적으로 노벨상을 가장 많이 차지한 민족이 어느 민족인가? 유태민족이다. 유태민족의 교육방식이 무엇인가? 한마디로 율법암송이다. 그들은 어려서부터 율법을 무지하게 강도 높게 암송한다. 안식일에는 하루 종일 부모와 함께 율법을 낭송한다.

성경을 가르치는 것은 하나님의 지혜를 받는 일이다. 성경 속에는 진리, 지식, 지혜 등등 모든 것이 다 들어 있다.

오늘 내가 네게 명하는 이 말씀을 너는 마음에 새기고 네 자녀에게 부지런히 가르치며 집에 앉았을 때에든지 길을 갈 때에든지 누워 있을 때에든지 일어날 때에든지 이 말씀을 강론할 것이며 너는 또 그것을 네 손목에 매어 기호를 삼으며 네 미간에 붙여 표로 삼고 또 네

집 문설주와 바깥문에 기록할지니라 (신6:6-9)

또 어려서부터 성경을 알았나니 성경은 능히 너로 하여
금 그리스도 예수 안에 있는 믿음으로 말미암아 구원에
이르는 지혜가 있게 하느니라 모든 성경은 하나님의 감
동으로 된 것으로 교훈과 책망과 바르게 함과 의로 교
육하기에 유익하니 이는 하나님의 사람으로 온전하게
하며 모든 선한 일을 행할 능력을 갖추게 하려 함이라
(딤후3:15-17)

하루에 한 번씩 성경을 열게 하라. 어려서는 어머니가 아
기 성경, 어린이 성경 등을 일정량씩 들려주면 된다. 조금 자
라서는 스스로 성경을 몇 절씩 혹은 몇 장씩 읽는 습관을 가
지게 하라.

기독교서점을 가까이 하라. 그곳에 가면 자녀들의 나이에
맞는 성경과 책들을 많이 구할 수 있다. 갓 태어난 아기부터
유치원에 가기 전에 읽어 줄 수 있는 성경도 여러 출판사로
부터 많이 나와 있다. 그림과 몇 줄의 성경이야기로 구성되
어 있지만 아기에게 큰 도움이 될 것이다. 초등학생이 흥미
로워할 성경도 있다. 때로는 만화로도 그려져 있다. 적어도
어릴 때부터 성경을 읽어 주는 습관을 갖도록 하라. 생각보
다 많은 신앙서적이 출판되어 있음을 알고 기독서적을 자주
접하게 해주자. 되도록 아이들과 함께 서점에 가면 더욱 좋
을 것이다. 자녀들에게 책을 사는데 드는 돈을 절대 아깝게
생각지 말라. 돈 보다 더 귀한 것이 신앙이요, 지혜요, 지식

임을 잊지 말라.

가장 좋은 방법이 가정예배임을 잊지 말라. 가정예배는 온 가족이 함께 하나님께 나아가는 거룩한 시간이다. 그리고 가장 행복한 가정임을 느끼게 해 주는 시간임도 명심하자.

가정예배를 날마다 드리면 얼마나 좋을까? 그러나 그것이 어려우면 일주일에 한번은 반드시 가정예배를 드리자. 될 수 있으면 '토요일은 가정예배의 날'로 정하여 반드시 시간을 지켜서 귀가하여 함께 예배를 드리자. 그 시간이 아니면 아이들에게 가정에서 성경을 가르치는 기회를 얻기가 참으로 힘이 들것이다. 어쩌면 성경을 한 번도 안 펴보고 한 주간을 살게 될지도 모른다.

또한 가정예배를 통해서 성경을 가르칠 수 있는 가정예배서가 많이 출판되어 있다. 아이들의 나이에 맞게 선택하면 가족과 함께 좋은 성경공부가 될 것이다. 가정예배를 통해 가족 구성원 모두가 인격적인 하나님을 만나고, 서로가 서로를 이해하는 법을 배우고, 인간을 사랑하고 존중하는 법을 배우게 될 것이다.

가정예배에서 또 하나 할 일이 있다. 아이가 다음 주일 교회에 가서 주일학교 공과시간에 배울 내용을 한번 살펴보게 하라. 부모가 함께 보면 더욱 좋다. 지난주는 무엇을 배웠는지 물어 보라. 다음주일의 공과에 나오는 암송구절은 암기했는지 확인하라. 공과의 제목과 주요 내용이 무엇인지 한번

예습하도록 하자. 가정예배 교재로 아이들의 공과를 사용해도 좋을 것이다. 학교 공부도 예습과 복습을 해야 하듯이 부모가 조금만 신경을 쓰면 교회공과로 얼마든지 예습과 복습을 통해 바른 신앙생활을 지도할 수 있다.

유태인들은 율법을 자녀에게 제대로 가르치지 않는 것을 죄악시 여겼다. 자녀가 하나님의 율법을 암송하지 못할 때 부모는 스스로 자기 자신에게 죄로 여겼다. 우리가 아이들에게 학교공부는 최선을 다해 투자하고 노력하지만 교회에서 배우는 하나님의 말씀은 경시 여기는 풍조가 만연하다. 아주 잘못된 것이다. 자녀에게 성경을 가르치자. 성경을 듣고 배울 때 그 속에서 믿음이 생기고 행함이 생기는 것임을 명심하자.

날마다 아이가 잠자리에 들면 먼저는 기도를 해 주어야 한다. 하루 종일 건강과 지혜로 지내게 됨을 감사하고 나쁜 꿈을 꾸지 않고 평안한 잠을 잘 수 있도록 기도해 주어야 한다. 그리고 나서는 눈을 감은 아이에게 성경을 읽어 주면 좋다. 아이들의 눈높이에 맞추어진 성경이나 성서인물 이야기 등을 읽어 주어라. 아이들이 성경을 듣다가 잠자리에 드는 것 또한 최고의 행복이다. 아이에게 최고의 행복을 선물하라.

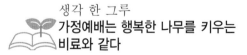
생각 한 그루
가정예배는 행복한 나무를 키우는
비료와 같다

**축복하는 아버지 기도하는 어머니**

# 자녀에게 노래를 가르쳐라!

행복한 사람이 되려면, 행복한 노래를 즐겨 불러야 한다. 왜냐하면 노래는 그 사람의 마음이며, 언어이고, 꿈이기 때문이다. 그리고 노래는 그 인생을 바꾸어 놓는다. 노래는 머리 깊숙이 사상과 생각을 각인하는 능력이 있기 때문이다.

군인에게 군가를 부르게 하는 이유는 씩씩하고 용감한 군인정신을 넣어주기 위함이다. 군가를 부르면 용감하고 씩씩해진다. 반대로 패배적이고 부정적인 노래를 부르면 그 사람의 생각과 생활이 그렇게 부정적이고 패배적으로 바뀐다.

그래서 요절한 가수들을 보면 대부분 죽음을 노래하거나 허무함과 구슬픔을 노래한 가수들이다. 죽음을 찬미하고 어두움을 노래하다가 자신이 부른 노랫말처럼 그렇게 요절한 것이다.

농촌 진흥청 이완주 박사와 성균관대 전자공학과 이근영 교수가 공동으로 발표한 『그린음악에 의한 작물 생산성 증대』란 논문에 의하면 음악이 농작물의 생육을 최고 33%까지 증가시킨다고 발표했다. 실제로 같은 환경 속에서 무를 재배하는데, 음악을 들려주지 않은 무보다는 음악을 들으면서 자란 무가 더욱 잘 성장하고, 음악도 우리 가락을 듣고 자란 무가 미국의 시끄러운 음악을 듣고 자란 무보다 훨씬 상태가 양호하게 자랐다는 보고를 사진을 첨부하여 보여 주었다.

시끄러운 미국음악을 듣고 자란 무는 그 생김새도 아주 울퉁불퉁하여 상품가치가 없을 정도로 못생기게 자랐다는 보고이다.

닭이나 소 같은 동물들에게 음악을 들려주는 일은 이미 흔히 있는 일이다. 동물들도 음악을 좋아하고 음악을 들을 때 안정적으로 성장한다는 사실이다.

이성도 없고 영성도 없는 식물이나 동물들도 음악에 엄청난 영향을 받거든 하물며 하나님의 형상대로 창조된 우리 인간에게 노래나 음악의 영향이 얼마나 클지는 상상에 맡긴다.

그리스도인의 가정에는 찬송과 성가가 울려 퍼져야 한다. 자녀들에게 늘 찬송을 듣게 해 주어야 한다. 아기에게도 마찬가지이다. 동요와 가곡과 클래식과 같은 가치 있고 격조 높은 음악을 접하게 하라.

세상에서 가장 영을 맑게 하는 격조 있는 노래는 무엇인가? 하나님을 찬양하는 노래이다.

최혁 목사님의 '나의 찬송을 부르라'는 아주 훌륭한 찬송 교과서적인 책이다. 그는 책 서두에서 이런 말을 했다.

"찬송은 아름다운 음악이 아닙니다. 찬송은 청중들 앞에서의 연주가 아닙니다. 찬송은 설교전의 분위기를 위한 준비가 아닙니다. 찬송은 그 자체가 예배요, 능력이요, 목적입니다."

그렇다. 찬송은 그 자체가 예배다. 찬송은 능력이다. 찬송은 하나님이 우리 인간을 창조하신 목적이다. 그러므로 찬송을 부를 때 우리는 진정한 예배를 드리게 되는 것이다. 그리고 찬송을 부를 때 우리를 창조하신 하나님을 기쁘게 해 드리는 것이다. 그리고 찬송을 부를 때 하나님의 능력이 내게 임하는 것이다.

우리가 찬송을 해야 함은, 찬송은 우리의 질병을 치료하는 능력이 있다. 음악 치료가 정식으로 학과에 채택되어 대학에서 연구하고 가르치고 있다.

그들을 음악치료사라고 부른다. 특히 뇌상해자, 정신지체인, 기억상실자와 같은 정신치료에 큰 효과를 보고 있다. 심장병, 위장병을 비롯한 각종 질병에도 음악치료가 널리 퍼져 나가고 있는 실정이다. 그런데 이 모든 것이 성경을 근원으로 하고 있음을 알아야 한다.

사무엘상 16장에 보면 "하나님의 부리신 악신이 사울에게 이를 때에 다윗이 수금을 취하여 손으로 탄즉 사울이 상쾌하여 낫고 악신은 그에게서 떠나더라."고 했다. 하나님의 신이 충만한 다윗이 악기를 연주하며 찬양을 할 때에 병마가 떠났다는 말이다. 성령 충만한 찬송을 의미한다.

찬송은 기적을 체험하는 능력이 있음을 또한 알아야 한다. 자녀가 인생을 살면서 막다른 골목과 같은 어려움을 만났을 때 찬송하는 신앙이 있어야 한다. 바울과 실라가 복음을 전하다가 옥에 갇혔다. 옥에 갇힌 그들은 옥중에서 찬송과 기도를 했다.

그런데 옥의 터가 흔들리고 옥문이 열리는 기적이 일어났다.

그리스도의 평강이 너희 마음을 주장하게 하라 너희는 평강을 위하여 한 몸으로 부르심을 받았나니 너희는 또한 감사하는 자가 되라 그리스도의 말씀이 너희 속에 풍성히 거하여 모든 지혜로 피차 가르치며 권면하고 시와 찬송과 신령한 노래를 부르며 감사한 마음으로 하나님을 찬양하고 또 무엇을 하든지 말에나 일에나 다 주 예수의 이름으로 하고 그를 힘입어 하나님 아버지께 감사하라 (골3:15-17)

가정에 찬송이 울려 퍼지도록 하자. 가정예배를 통해 온 가족이 찬송을 많이 부르자. 온 가족이 새로운 찬양을 배우는데 힘쓰자. 의도적으로 항상 찬송하는 생활을 연습해야 한다. 슬픈 일을 만나면 찬송으로 위로와 힘을 얻고, 기쁜 일이 있으면 찬송으로 감사하는 가정이 되어야 한다. 자녀의 입에서 찬송이 흥얼거려지도록 하자.

축복하는 아버지 기도하는 어머니

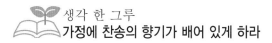

생각 한 그루
**가정에 찬송의 향기가 배어 있게 하라**

# 자녀에게 긍정적인 언어를 가르쳐라!

　행복한 사람의 배경에는 반드시 행복을 만들어준 말이 있다. 또한 성공한 사람의 배경에는 반드시 성공을 만들어준 말이 있다. 말은 눈에 보이지는 않지만 무한한 창조력과 힘을 가진 인생 최대의 자산이다.

　성경에서도 "죽고 사는 것이 혀의 권세에 달렸나니 혀를 쓰기를 좋아하는 자는 그 열매를 먹으리라."고 말씀하셨다. 사람은 말의 열매를 먹고산다. 그러므로 자녀들에게 행복한 말, 긍정적인 말을 많이 사용하도록 가르쳐야 한다.

　우리나라 최고의 축구 골키퍼 김병지 선수는 초등학교 다닐 때 심한 개구쟁이에다가 문제아였다고 한다. 그런 김병지 선수가 오늘날 한국 최고의 축구 골키퍼가 된 배경에는 밀양 초등학교 4학년 담임이셨던 윤관호 선생님 덕분이었다고 한다.

　윤 선생님은 축구부를 만들어서 그에게 골키퍼를 시키고, 쓰러지고 넘어지는 그에게 "한국 최고의 골키퍼가 되라. 너는 할 수 있다."고 항상 격려해 주었다고 한다. 그의 마음속엔 윤 선생님의 말씀이 살아 꿈틀대고 있었다. 한국 스포츠

언론은 그를 "신의 손"을 가졌다고 평가한다. 그는 성공한 이유가 선생님의 격려 때문이었다고 고백한다.

말에는 눈에 보이지 않는 어마어마한 생명의 위력이 있다. 요한복음 1장1절에는 "태초에 말씀이 계셨으니 이 말씀은 곧 하나님이시라."고 전하고 있다. 말씀은 곧 하나님이시다. 하나님은 태초에 말씀으로 나타나셨고 말씀으로 온 세상을 창조하신 것이다. 첫째 날, 빛이 있으라 하시매 빛이 있었고, 그 빛이 하나님 보시기에 좋았더라. 둘째 날, 물 가운데 궁창이 있어 물과 물로 나뉘라 하시매 그대로 되니라. 셋째 날, 천하의 물이 한곳으로 모이고 뭍이 드러나라 하시매 그대로 되었더라. 넷째 날, 해와 달과 별을 만드실 때도 있으라 하시매 그대로 되니라. 온 천하 만물을 말씀으로 만드셨다. 그리고 하나님은 이 언어의 권세와 능력을 혼자만 가지고 계시지 않았다. 하나님은 자신의 형상을 따라 사람을 만드시고, 이 언어의 권세와 능력을 주셨다. 그러므로 사람의 말에는 상상할 수 없는 놀라운 권세와 능력이 있다.

잠언 6장2절을 보면 "네 입의 말로 네가 얽혔으며 네 입의 말로 인하여 잡히게 되었느니라."라고 말씀하고 계신다. 이것은 우리의 말이 우리의 행동에 큰 영향을 미친다는 말이다. 언어는 자신을 지배하고 환경을 지배한다. 때로는 언어는 운명을 지배한다.

예를 들면, 우리나라가 6.25 전쟁을 통해 세계에서 가장 가난한 나라가 되었을 때 박정희 전 대통령이 일으킨 운동이

새마을 운동이다. 새마을 운동의 주제 말이 무엇인가? '잘 살아보세!'이다. '잘 살아보세!'라는 말이 환경을 지배하고 운명을 지배한 말이 되었다. 그 말이 30여 년 만에 88올림픽을 할 정도로 기적을 일으킨 것이다.

이스라엘 백성들이 젖과 꿀이 흐르는 땅 앞에 도착했으나 가나안땅을 바라보며, 불평의 마음과 부정적인 마음으로 '그곳 거민들에 비하여 우리는 메뚜기와 같다' '우리가 가나안 땅에 들어가는 것은 불가능하다'고 했다. 그때 하나님이 하신 말씀이 "너의 말이 내 귀에 들린 대로 내가 너희에게로 행하리라."고 하시면서 "너희로 거하게 하리라 한 땅에 결단코 들어가지 못하리라."고 선언하신 것이다. 결국 그들은 축복의 땅을 눈앞에 두고도 발길을 돌려 광야로 떠나야만 했다. 그러나 여호수아와 갈렙은 "그들은 우리의 밥이라 그들의 보호자는 그들에게서 떠났고 여호와는 우리와 함께 하시느니라."고 외쳤다. 그 결과 여호수아와 갈렙은 젖과 꿀이 흐르는 축복의 땅으로 들어가는 주인공이 된 것이다.

우리의 언어는 우리가 상상조차 할 수 없을 만큼 놀라운 에너지를 가지고 있으며 능력과 권세를 가지고 있다. 왜냐하면 언어는 곧 하나님이시며, 하나님의 권세와 능력이 그 안에 있기 때문이다.

그러므로 행복한 인생을 살아가려면 언어를 바꾸어야 한다. 행복을 만들어 주는 언어, 성공을 만들어 주는 언어를 사용해야 한다. 그리스도인들은 어떤 언어를 사용해야 하는가? 긍정적인 언어를 사용해야 한다. 비전이 있는 언어를 사용해야 한다. 내 말이 나 자신과 듣는 이에게 비전을 주고 소망을 주는 말을 해야 한다.

어떤 아버지가 사업에 실패하여 아주 어렵게 되었다. 그때 그 아버지가 아들들에게 "내가 리어카 장사를 하더라도 너희는 대학을 가르치마." 그 말이 아들들에게는 굉장한 위로와 비전이 되었다. 그래서 아들들은 학교 다니면서 대학을 가는 것을 당연히 생각하고 그렇게 준비하고 살았다. 그러나 딸들에게는 처음부터 "너희는 취업반에 들어가라."고 했다. 딸들은 미리 대학을 포기하고 아예 취업반을 선택했다. 딸들도 다들 머리는 좋았다. 만약 아버지가 딸들에게도 그런 말을 했더라면 딸들도 열심히 공부하여 장학생으로 공부를 할수도 있었을 것이다. 그러나 아버지의 말이 딸들에게는 부정적인 영향을 주었던 것이다.

자녀에게 긍정적이고 행복한 언어를 사용하도록 지도하라. 가정에서는 착해 보이지만 학교생활에서 얼마나 많은 비속어를 사용하는지 아는가? 밝고 건전한 언어를 사용하도록 지도하자. 무엇보다도 하나님의 성품이 삶 속에서 드러나도록 기도하자.

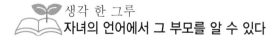
생각 한 그루
**자녀의 언어에서 그 부모를 알 수 있다**

# 자녀에게 일을 가르쳐라!

하나님이 하나님의 형상대로 남자와 여자를 창조하신 후에, 그들에게 복을 주시며 이르시기를 "생육하고 번성하여 땅에 충만하라, 땅을 정복하라, 바다의 고기와 공중의 새와 땅에 움직이는 모든 생물을 다스리라"고 하셨다. 하나님이 우리 인간에게 생육하고 번성하라는 일을 주셨고, 땅과 바다를 정복하고 다스리라는 일을 주셨다.

하나님께서는 지금도 우주만물과 인간의 역사를 주관하시고 다스리시는 일을 하고 계신다. 그러기에 일은 참으로 신성한 것이고, 일을 한다는 것은 참으로 행복한 것이다.

그런데 우리는 왜 일이 힘이 들고, 또 먹고 산다는 것 자체가 고통스러울 때가 많을까? 그것은 인간이 하나님을 떠나 죄를 지은 결과이기 때문이다. 아담과 하와가 선악과를 따먹고 죄가 들어온 이후 하나님은 여자에게는 아이를 잉태하고 해산하는 고통과 남편에게 다스림을 받아야 하는 벌을 주셨다. 그리고 남자에게는 종신토록 수고하고 땀을 흘려야 먹고 살 수 있는 노동의 고통을 벌로 내리셨다. 그러나 노동자체가 고통이 아니라, 죄가 들어온 땅이 가시덤불과 엉겅퀴를 내기 때문에 일이 힘이 드는 것이다.

직업을 가진 사람들에게 왜 일을 하는지에 대해서 물어보면 대체로 첫째가 돈을 벌기 위해서 라고 대답을 한다. 두 번째는 자기실현을 위해서 일을 한다고 말한다. 그러나 대부분의 사람들이 돈을 벌기 위해 일을 한다. 그러나 우리 그리스도인들은 왜 일을 하는지에 대해서 올바른 가치관이 세워져 있어야 한다.

　우리가 일을 하는 첫 번째 이유는 다른 사람을 섬기기 위해서이다. 농사를 짓는 사람이 있기에 우리가 음식을 먹을 수 있다. 신발을 만들고 옷을 만드는 사람이 있기에 우리가 옷을 입고 신발을 신을 수 있다. 마찬가지 내가 일함으로 다른 사람을 섬기는 결과가 된다. "공부해서 남 주자!" "돈 벌어서 남 주자!" 등의 좋은 영향을 미치는 말들을 자주 사용하는 것은 참으로 바람직한 일이다. 공부해서 남을 섬기고 이끌어주는 위치를 목표로 하는 사회가 될 때 이 민족은 소망이 있는 것이다.

　또한 두 번째 이유는 일을 통하여 우리 자신과 가족의 필요를 채우기 위해서이다. "목구멍이 포도청이라서" "처자식 때문에"라는 말을 하면서 자신이 일하는 이유를 설명하는 사람이 있다. 그러나 그것보다는 하나님이 나에게 주신 가정을 행복하게 하기 위해서 일을 한다고 생각하는 것이 더 건전한 사고이다. 가족을 위해 수고하고 땀을 흘리는 것은 보람된 일이며 행복한 일이라는 사고가 우리들의 자녀에게 어릴 적부터 심겨져야 한다.

더 나아가, 우리는 하나님 나라의 확장을 위해 예물을 드리고, 가난한 나라와 이웃들에게 복음과 더불어 구제를 하기 위해 일을 한다. 어떤 목사님은 "헌금하기 위해 돈을 번다. 헌금해서 하나님의 나라가 확장되는데 이바지하기 위해 일을 하라! 더 많은 헌금을 하도록 기도하고 노력하라!"고 하신다.

그러므로 우리는 행복한 직장생활을 이루어 하나님의 나라를 성장시키는 선한 청지기의 삶을 살아야 한다.

직업에 대한 소명의식을 가지도록 자녀를 키워야 한다. 그리스도인이 하는 모든 건전한 일은 곧 하나님의 일, 주의 일이다. 소명이란 목사나 선교사에게만 해당되는 것이 아니다. 종교 개혁자 마틴 루터는 "농부든지 군인이든지 누구나 하나님이 그것을 하라고 부르셨기 때문에 된 것이다."라고 말했다.

주님은 우리가 하던 일을 버리고 전적으로 복음전파를 위해서 부르시기도 하지만, 현재하고 있는 일을 통해서 하나님의 뜻을 이루는 삶을 살도록 부르시기도 한다. 그러므로 평신도는 그 일이 하나님이 나에게 시키신 일이라고 믿고 확신할 때 그 일에서 성공할 뿐 아니라, 그 일을 통해서 전도하는 전도자의 삶을 살 수 있다.

우리가 행복하려면 우리에게 주어진 일을 행복하게 생각해야 한다. 내가 지금 하고 있는 일이나, 앞으로 하고자하는 일에 대해서, 그리고 그 일을 주신 하나님께 대하여 감사하는 마음이 있어야 한다. 그리고 그 일을 행할 때는 행복하게 해야 한다. 사실 일한다는 사실이 힘이 들고 어려운 것만은 사실이다. 속된 표현으로 먹고살기가 얼마나 힘이 드는가? 그러나 일을 즐거운 마음으로 해야 한다. 일을 행복하게 받아들여야 한다.

노숙자들이 가장 슬픈 것은 수중에 돈이 없다는 것이 아니다. 나를 받아줄 일터가 없다는 것이 더욱 슬프고 비참하게 만드는 것이다.

'생각을 바꾸면 미래가 보인다'라는 말이 있다. 그렇다. 나에게 주어진 일을 고통과 수고로만 보지 말고, 생각을 바꾸어 나에게 일이 있음을 감사하고 이 일이 우리 가정의 꿈이요 행복이라고 생각해야 한다.

그런 의미에서 일을 즐겨야 한다. 등산하는 사람들이나 암벽을 타는 사람들이 사실 얼마나 힘들고 어려운가? 왜 그렇게 추운데 고생하는가? 그러나 그 사람들은 그것을 취미로 삼았기 때문에 즐거운 마음으로 산을 타고 암벽을 타는 것이다. 때때로 산에서 죽는다고 해도 영광으로 생각하는 것이다. 취미생활 하듯이 일에 대하여 조급하지 말고, 여유를 가지고 즐기라는 것이다.

프랑스 파리에 있는 한 은행에서 일어난 일이다. 한 여자가 취직을 부탁하러 은행장을 찾아갔다. 일자리가 없다는 말을 듣고 돌아가려고 일어섰다. 부끄러워서 고개를 숙이고 가다가 바닥에 핀 하나가 떨어져 있는 것을 발견했다. 그 여자는 핀 하나를 주웠다. 그리고는 그의 옷자락으로 닦아서 탁자 위에 올려놓고 갔다. 이를 가만히 지켜보던 은행장은 문을 막 열고 나가는 그 여자를 불렀다. 그리고 "당신을 우리 은행에 채용하겠습니다."라고 말했다. 얼떨떨해 하는 그 여자에게 은행장은 이렇게 말했다. "방금 핀 하나를 사랑하는 것을 보니 당신을 채용하면 우리 은행의 모든 것 하나하나를 그렇게 사랑할 것 같습니다."

작은 핀 하나를 소중히 여기는 그 여자의 성실함이 합격 점수를 받은 것이었다.


스코틀랜드의 어느 마을에 가면 돌다리 한 개가 놓여 있다. 그 다리의 이름은 '하나님과 나'이다. 어느 날 홍수가 났다. 한 소녀가 냇물을 건너다가 물에 빠져서 떠내려가게 되었다. 그는 급류에 떠내려가면서 기도했다.

"하나님 저를 살려주시면 이곳에 다리를 놓겠습니다." 그는 구사일생으로 나무에 걸려서 살아났다. 하나님께 감사 기도를 드렸다. 그리고 하나님과의 약속임을 기억하고 곧 식모살이를 떠났다. 십 년 동안 성실하게 돈을 모았다. 다시 고향으로 돌아와 그 돈으로 돌다리를 만들었다. 그리고 그 다리의 이름을 '하나님과 나'라고 붙였다. 살아난 감사를 영원히 남긴 것이다. 참으로 성실한 사람이 놓은 다리였다.

초등학교밖에 못나온 사람이지만 빵을 만드는 일에는 우리나라에서 일인자이기 때문에 제빵 기술을 가르치는 대학 교수가 되었다는 이야기를 들은 적이 있다.

역시 초등학교 출신이지만 대우중공업의 품질명장으로 그 회사에서 없어서는 안 될 사람으로 쓰임 받고 있고, 성실하게 노력하여 3개 국어를 구사하는 실력자가 되었다는 이야기도 있다.

우리나라 경제의 대명사라고 할 수 있는 고 정주영 명예회장의 성공담을 소개하는 '성공시대'라는 프로에서 참으로 감동을 받은 적이 있다. 정주영 회장이 젊을 때의 모습을 소개하는 일화이다. 아직 아침 햇살이 창으로 비치지도 않은 꼭두새벽에 이미 작업복을 차려입은 정주영씨가 뒷짐을 진 채 방안을 왔다 갔다 하면서 혼잣말로 중얼거린다.

"왜 아직 동이 안 트나 빨리 일하러 가야 하는데..."

성공한 사람은 무엇이 달라도 다른 것 같다. 일을 사랑하고 일을 기뻐하는 삶의 자세이다. 한 숨 더 자고 싶어서 이불을 몸으로 감고 쪼그리고 자는 보통 사람들과는 사뭇 다른 모습이다.

잠언 22장29절에 "네가 자기의 일에 능숙한 사람을 보았느냐 이러한 사람은 왕 앞에 설 것이요 천한 자 앞에 서지 아니하리라."고 했다.

우리들의 자녀를 세상에서 실패자로 만들지 말자. 일을
사랑하고 일을 즐기는 성실한 사람으로 만들자.

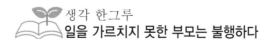
생각 한그루
일을 가르치지 못한 부모는 불행하다

# 자녀에게 순종을 가르쳐라!

우리들의 자녀가 신앙생활하면서 다음 세 가지만은 철저하게 순종하도록 해야 한다.

첫째는, 하나님의 시간에 순종하는 자녀로 키우자. 하나님의 시간이란! 안식일 즉, 주일을 의미한다. 주일은 인간의 시간이 아니다. 주일은 주님의 날이요. 주의 일을 하기 위한 날이다. 주일에는 반드시 주님을 위해 일하고 주님을 위해 사용하는 시간임을 알게 하라.

하나님이 그가 하시던 일을 일곱째 날에 마치시니 그가 하시던 모든 일을 그치고 일곱째 날에 안식하시니라 하나님이 그 일곱째 날을 복되게 하사 거룩하게 하셨으니 이는 하나님이 그 창조하시며 만드시던 모든 일을 마치고 그 날에 안식하셨음이니라 (창2:2-3)

안식일을 기억하여 거룩하게 지키라 엿새 동안은 힘써 네 모든 일을 행할 것이나 일곱째 날은 네 하나님 여호와의 안식일인즉 너나 네 아들이나 네 딸이나 네 남종이나 네 여종이나 네 가축이나 네 문안에 머무는 객이라도 아무 일도 하지 말라 이는 엿새 동안에 나 여호와가 하늘과 땅과 바다와 그 가운데 모든 것을 만들고 일

곱째 날에 쉬었음이라 그러므로 나 여호와가 안식일을
복되게 하여 그날을 거룩하게 하였느니라 (출20:8-11)

이사야 58장13절에서는 거룩하고 존귀한 날로 지키라고
했다. 내 길로 행치 말라고 했고, 오락을 행치 말라고 했다.
사사로운 말도 하지 말라고 했다. 일하지 말고 쉬라고 했다.
그리고 그것을 지키면 여호와 안에서 즐거움을 얻으리라고
했다. 땅의 높은 곳에 올려 주리라고 했다.
　하나님의 시간과 나의 시간을 구별할 줄 아는 사람으로
양육하자. 무슨 일이 있더라도 하나님의 시간을 범하지 않도
록 하자. 자녀가 남의 물건을 훔치면 종아리를 때리지만, 주
일을 범하면 그냥 넘어가는 부모들이 많다. 남의 물건은 사
람의 것을 훔친 것이지만, 주일을 지키지 아니함은 하나님의
것을 도적질 한 것이다. 종아리를 쳐서라도 주일은 하나님의
시간임을 어릴 때부터 가르쳐야 한다.

　둘째는, 하나님의 사람에 순종하도록 해야 한다. 하나님의
사람은 두 가지로 분류된다. 그중 하나는 부모이다. 부모가
왜 하나님의 사람인가? 부모는 내가 선택하는 것이 아니라,
하나님이 선택하시는 하나님의 영역이기 때문이다. 부모의
입장에서 볼 때도 자식을 부모가 선택을 하는 것이 아니라
역시 하나님이 선택해 주신다. 그래서 부모는 자식을 사랑해
야하고, 자식은 부모를 공경하고 순종해야 한다.
　어릴 때부터 부모에게 순종하는 사람으로 키워야 한다.
핵가족화 되어 가정마다 자녀들을 한두 명 정도로 적게 두다

보니 너무 귀하게 키우는 경향이 있다. 대부분의 요즘 아이들이 예의가 없고 자기밖에 모르는 이기주의가 심한 편이다. 부모를 너무 쉽게 여기는 경우가 허다하다. 부모에게 순종하는 자녀로 키우는 것 또한 중요한 일이다. 부모공경은 하나님의 명령이기 때문이다.

두 번째 하나님의 사람은 주의 종들이다. 그들은 주님의 복음을 위하여 택정함을 입은 자요, 사도로 부름을 받은 그리스도의 종이요, 그리스도를 대신하여 사신이 된 예수의 사도이다. 또한 양 무리의 목자, 양을 다스리며 치리 하는 목자이다. 그러므로 우리 신자들은 주의 종을 대할 때 순종하는 마음이 있어야 한다. 원망하거나 불순종하지 말아야 한다.

출애굽기 16장에서 백성들이 모세를 향하여 원망할 때 "너희 원망은 우리를 향하여 함이 아니요, 여호와를 향하여 함이로다." 라고 하였다. 하나님이 세우신 지도자를 원망하는 것은 곧 하나님을 원망하는 것이기 때문이다.

주님이 세우신 종들을 잘 대하고 순종할 때 주님으로부터 사랑과 축복을 받는다. 그리고 자손이 잘되는 복을 받는다. 자녀들로 하여금 목회자들을 존경하고 순종하는 자세로 키우자.


셋째는, 하나님의 것에 순종하도록 해야 한다. 하나님의 것이란, 하나님의 소유와 물질을 의미한다. 말라기 3장8절 이하를 보면 십일조 헌물은 하나님의 것, 즉 하나님의 성물임을 분명히 가르치고 있다.

사람이 어찌 하나님의 것을 도둑질하겠느냐 그러나 너희는 나의 것을 도둑질하고도 말하기를 우리가 어떻게 주의 것을 도둑질하였나이까 하는도다 이는 곧 십일조와 봉헌물이라 너희 곧 온 나라가 나의 것을 도둑질하였으므로 너희가 저주를 받았느니라 만군의 여호와가 이르노라 너희의 온전한 십일조를 창고에 들여 나의 집에 양식이 있게 하고 그것으로 나를 시험하여 내가 하늘 문을 열고 너희에게 복을 쌓을 곳이 없도록 붓지 아니하나 보라 (말3:8-10)

네 재물과 네 소산물의 처음 익은 열매로 여호와를 공경하라 그리하면 네 창고가 가득히 차고 네 포도즙 틀에 새 포도즙이 넘치리라 (잠3:9-10)

스코틀랜드의 가난한 농부의 아들로 태어난 카네기는 경제의 불황으로 13세 때 미국으로 이민을 갔다. 그는 초등학교 4학년밖에 다니지 못했다. 그러나 카네기는 미국의 철강왕으로 대성을 한다. 카네기는 1892년에 뉴욕에 유명한 카네기 홀을 만들어 예술 진흥에 주력을 하고, 1902년에는 카네기 연구소를 창설하고, 1904년에는 카네기 영웅기금, 카네기 교육진흥재단, 카네기 국제평화재단, 카네기 공과대학... 각 교회에 약7,000대의 파이프 오르간을 기증하고 2,800곳 이상의 도서관 자금을 지원하는 믿음의 사람이 된다. 그 뒤에는 하나님의 손길이 있었다. 그 역시 철저하게 하나님의 것에 순종하는 사람이었다.

하나님의 시간에 순종하고, 하나님의 사람에 순종하고, 하나님의 것에 순종할 줄 아는 자녀로 키우자. 이 세 가지를 바로 가르칠 때 당신은 자녀에게 최고의 것을 가르쳤음을 자랑하게 될 것이다.

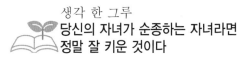

생각 한 그루
당신의 자녀가 순종하는 자녀라면
정말 잘 키운 것이다

# 자녀에게 헌신을 가르쳐라!

하나님이 우리 인간에게 요구하시는 것이 있다. 그런데 하나님이 우리 인간에게 요구하시는 이유는 우리 인간의 행복을 위해서이다. 하나님 자신을 위해서가 아니라, 우리 인간의 행복을 위해서 요구하신다는 것이다.

그 요구가 무엇인가? 하나님 여호와를 경외하라는 것이다. 하나님을 경외한다는 말은, 그 모든 도를 행하고 그를 사랑하는 것이다. 마음을 다하고 성품을 다하여 하나님을 섬기는 것이다. 하나님의 명령과 규례를 지키는 것이다. 그것을 신약성서의 관점에서 표현하자면, 충성과 헌신이다.

라디오를 켤 때 방송국 주파수가 맞아야 잘 나온다. 예를 들어 FM 91.5라면 정확히 91.5에 다이얼을 맞추어야 한다. 채널이 맞아야 한다. 다이얼을 맞추지 않으면 안 된다. 비슷해도 안 된다. 91.6이나 91.4만 되어도 잡음이 있다.

또한 반드시 기억해야 하는 것은 방송국이 나에게 맞추어 주지 않는다. 내가 방송국 채널에 맞추어야 한다. 그것이 원리이다.

마찬가지이다. 인간이 하나님께 헌신하며 사는 것은, 하나

축복하는 아버지 기도하는 어머니

님이 만드신 창조의 원리이다. 하나님이 인간에게 요구하신 명령과 규례와 원리대로 살 때 행복할 수 있다. 하나님께서 우주만물을 만드실 때 하나님과 인간 사이에 그런 원리로 주파수를 맞추어 놓았다.

그런데 인간이 하나님을 버리고 사단을 택하여 금단의 열매인 선악과를 따먹는 죄를 지음으로 하나님과 우리 사이에 원리가 깨진 것이다.

주파수가 맞지 않으면 잡음이 생기는 것처럼, 인간의 마음에 죄가 들어와서 하나님의 낯을 피하고 하나님을 등지는 삶을 사는 것이다.

그래도 하나님은 그 인간을 불쌍히 여기셔서, 하나님을 찾아가는 길을 알려주시기 위해서 이스라엘이라는 민족을 통해서 성경을 완성시키시고, 예수 그리스도를 보내 주셔서 그 예수를 믿는 자 마다 구원받는 은혜를 허락하신 것이다.

인간이 선악과 열매를 따먹고 죄를 지음으로 하나님을 떠난 이후에, 하나님이 다시 만든 원리가 성경의 원리이고, 믿는 자 마다 구원을 받는다는 십자가의 원리를 예수님을 통하여 이루어 놓으신 것이다.

그래서 누구든지 그 원리대로 살 때 행복하고 만족한 삶을 살 수가 있는 것이다. 그 길 밖에는 길이 없다. 그것이 원리이기 때문이다.

네비게이토 선교회 회장이자 저술가 제리 화이트는 그 이유를 다음과 같이 말한 바 있다.

"나는 지난 30여 년 동안 수백 명의 그리스도인들의 삶을 살펴보았다. 영적으로 풍성한 삶을 영위하는 사람이 있는가 하면, 생명을 부지하기에 급급한 사람이 있었다. 그리스도 안에서 성장하는 사람이 있는가 하면, 영적으로 말라 시들어 버리는 사람도 있었다. 기쁨을 누리며 격려해 주는 사람이 있는가 하면, 불평하고 투덜대기만 하는 사람들이 있었다. 갈수록 영적인 깊이를 더 해가고 성숙한 인격으로 변화되는 사람들이 있는가 하면, 오히려 천박하고 완고해져 가는 사람들도 있었다. 더욱 은혜가 넘치고 경건한 삶을 살아가는 사람들도 있었는가 하면, 그저 나이만 먹어가는 사람들도 있었다.

나는 영적으로 크게 성장한 사람과 그렇지 못하고 정체되어 있는 사람의 삶을 비교 관찰하면서 그 같은 차이를 가져오는 분기점이 도대체 어디에 있는지를 찾아보았다.

나는 그것이 바로 헌신에 있다고 믿는다. 즉 인생의 중요한 시점에서 헌신을 했느냐 하지 않았느냐에 따라 그러한 차이가 나타난다고 생각한다. 평범한 사람이라 할지라도 예수 그리스도의 주재권 아래서 단순하게 영적인 헌신을 할 때 그들이 세상에 미치는 영향은 실로 막대하다. 교육이나 은사나 능력에 있지 않다, 헌신에 달려 있다."

헌신해야 성화한다. 성화는 주님을 닮아가는 것이다. 헌신해야 성장한다. 성장은 반드시 헌신의 대가를 지불해야만 된다. 헌신해야 성공한다. 헌신과 희생이 없는 성공은 없다.

헌신이란 나 자신을 하나님께 드리는 것이다. 헌신이란 하나님의 일을 하는 것이다. 사람들은 헌신에 대해 말하고 설교를 듣고 눈물까지 흘리지만 아무것도 하지는 않는다. 그러나 진정한 헌신이란 구체적인 하나님의 일을 하는 것이어야 한다. 이성으로 깨달아지고, 감정으로 뜨거워진다 하더라도 실제로 주의 일에 시간과 몸과 물질을 드리지 않는다면 그것은 종교적인 위선이다.

헌신이란 기꺼이 값을 치루는 것이다. 값을 치루지 않는 헌신이란 있을 수 없다. 누가복음 9장23절에 "아무든지 나를 따라오려거든 자기를 부인하고 날마다 제 십자가를 지고 나를 따를 것이니라."고 했다.

어떤 일행이 로키산맥을 넘고 있을 때였다. 갑자기 폭설이 내려서 죽음 직전에 놓이게 되었다. 그들은 얼어 죽게 되었다. 그들은 눈 속에서 마른 가지들을 모았다. 그러나 불을 붙일 쏘시개가 없었다. 그때 일행 중의 한 사람이 제안을 했다.
"각자 가지고 있는 지폐로 불쏘시개를 합시다."
모두가 찬성하며 돈을 모았고, 꺼낸 돈이 수북이 쌓였다. 그 돈들은 기분 좋게 타올랐다. 계속 나무를 주워서 태웠다.

그들에게는 남은 돈이 하나도 없었지만 구조대원이 올 때까지 따뜻하게 지낼 수 있었다. 모두가 구조되었다. 누구 하나 돈이 없어졌다고 불평하는 사람이 없었다. 돈을 잃었지만 생명을 얻었다. 가장 귀중한 것을 포기해야 더 귀중한 것을 얻을 수 있다. 헌신은 바로 그런 것이다.

우리의 자녀를 헌신 할 줄 아는 사람으로 키우자. 인생의 참된 승리는 돈을 얼마나 많이 벌고 얼마나 높은 위치에 있는가에 있지 않다. 얼마나 하나님과 이웃을 위해 헌신하고 사는가에 있다. 우리들의 자녀를 인생의 승리자로 만들자.

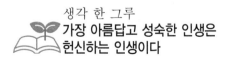

생각 한 그루
가장 아름답고 성숙한 인생은
헌신하는 인생이다

# 3대 축복

사랑하는 친구여
그대의 영혼이 건강한 것처럼 몸도 건강하고
하고자 하는 모든 일이 다 잘 되기를 기도합니다.
(요한3서 1:2)

우리의 자녀가
성령 충만과 범사에 잘됨과 몸이 강건하다면
최고의 선물을 받은 것입니다

# 3부

# 주님!
# 저희가 **이렇게**
# 살겠어요!

모든 일은 마음가짐에 달려 있다.
어떤 마음을 먹느냐가 중요하다.
가급적 긍정적이고 밝고 건강한 자화상을 가져라.
그리고 지금 하고 있는 아이의 양육이
세상 어떤 일보다도 소중하고 가치 있음을 스스로 알라.
그리고 이렇게 아이를 키울 수 있는
건강과 여유가 있음을 감사하라.
자기 자식을 키울 여건이 안 되어
사랑하는 자식을 위탁하고 일터로 향하는
가슴 아픈 이도 있음을 기억하라!
그리고 오늘에 행복하자.

# 즐거움으로 생각하라!

**아이를 양육하는 것은 행복한 일이다.**
**그 일을 즐거움으로 받아 들여라.**


　개구쟁이 두 아들을 키우는 어머니가 있었다. 두 아들을 그것도 연년생을 키운다는 것이 얼마나 힘이 들지는 짐작이 간다. 어느 날 누군가 그녀에게 물었다.

　"그래도 아들만 둘이면 삭막하니까 딸을 하나 더 낳지?"

　그 말이 떨어지기가 무섭게 그녀가 하는 말이 명언이다.

　"나도 이제 인간답게 살고 싶어... 끔직한 소리 하지마."

　아이를 키운다는 것이 얼마나 힘이 드는지를 알 수 있는 대답이었다. 아이를 키우다 보면 자기를 가꾼다든지 취미활동을 한다든지 자기 시간을 가진다는 것은 정말 생각도 못할 일이다. 정말 어떻게 생각해 보면 자기라는 자아는 간데 온데 없고 하루 종일 아이와 싸워야 하는 노동의 연속일수도 있다. 정말 인간답게 사는 것 같지 않다.

　아침 일찍 남편 출근 준비를 마치고 나면 아이의 빨래며 청소며, 그러다 보면 아이가 울고, 우는 아이에게 젖을 주고 나면 잠시 자는 듯하다. 이제 조금 조용한가싶어 음악을 틀어 놓고 커피 한잔을 준비해서 마시노라면 그것도 잠시, 아이는 벌써 잠에서 깨어 함께 놀자고 보챈다. 밖에 나가서 바람을 � 는 것은 기대도 할 수 없다. 그렇게 저렇게 하루는 금세 지나고 제대로 세수에 화장 한 번 못한 꾀죄죄한 느낌의 얼굴로 하루를 산다.

그것이 하루가 아니요 매일 매일 반복된다고 생각하면 정말 지겹고 감옥 같은 삶이다. 이런 삶의 연속에서 탈출하고 싶을 것이다.

요즘 젊은 여성들은 아이를 키우는 것을 아예 육아기관이나 보모에게 맡기고 직장생활을 한다. 월급이 몽땅 육아비로 지출된다하더라도 자기 아이를 키우는 것으로부터 해방되고 싶은 생각이 더 많다.

그러나 사실 아기는 엄마가 키우는 것이 가장 정서적으로 바람직한 것이다. 아기는 가장 많이 함께 지내는 사람의 성품과 생각을 닮기 마련이다. 그리고 10개월 동안 듣던 그 심장 박동 소리를 듣기 원한다.

아이가 초등학교에 들어가고 중학교에 들어가도 마찬가지이다. 아이가 학교에서 돌아와서 현관에 들어설 때 엄마가 맞아주는 것이 가장 큰 행복을 주는 것이다. 엄마가 없는 집에 책가방을 던지고 학원으로 다시 가는 아이들은 사실 표현은 안 하지만 정서적으로 많은 불안감을 가지고 사는 것임을 알아야 한다.

그러면 어떻게 하면 아이를 직접 키우면서도 인간답게 살 수 있을까? 인생을 즐기는 마음으로 살면 된다.

아이를 임신하여 임신초기에 입덧이 심할 때에도 그 고생은 이루 말 할 수 없는 고통이지만, 즐겁게 받아들이기 바란다.

아이를 출산하여 정신없이 하루하루를 살아갈 때도 그 과정을 감사와 기쁨으로 받아들이자. 몸이 피곤하고 사는 게 사는 것 같지 못할지라도 그것을 기쁨으로 받아들이자.

바울과 실라를 생각하라. 복음을 전하다가 옥에 갇혀 있어도 감사하고 찬송을 했다. 또한 바울은 옥중에서 성서를 기록했는데 그 중의 하나가 '기쁨의 복음'이라 불리는 빌립보서로, 서론에서부터 기쁨과 감사를 노래하고 있다.

주어진 상황과 환경을 어떻게 받아들이는가에 따라 그 자세와 결과가 달라진다. 아이를 키우며 사는 것이 참으로 고달플지라도 행복한 고통이 될 수 있다. 훗날 한 점의 아쉬움 없도록 모든 사랑을 아이를 키우는 과정 속에 쏟아 붓고, 그 자체를 즐기기를 바란다. 그러면 행복한 엄마가 될 것이다

# 가급적 내 아이는 내가 키우자!

**아이는 키우는 사람의 성품을 배운다.
내 아이를 내가 키우는 것은 행복한 의무이다.**


아이를 키운다는 것은 사실 어머니에게 주어진 행복한 의무이다. 상황에 따라 경제적인 어려움 때문에 부부가 맞벌이를 해야 하는 경우에는 어쩔 수 없다. 개인적인 사정이 다들 있기 때문에 원칙이라고 하기에는 너무하지만, 자기의 자녀는 자기의 손으로 키우는 것이 원칙이다.

행여나 아이를 키우면 쉽게 '아줌마'가 된다는 생각이나 사회생활을 통해 자기 인생을 찾으려고 자녀를 남에게 맡기려 한다면 다시 한 번 생각해야 한다.

점점 사회가 여성이 활동하는 시대로 변하고 있다. 문명화가 되고 선진화가 될수록 그렇다. 그러나 사실 여성의 능력을 요구하는 사회가 되는 만큼 이 사회 속에 있는 가장 기초구성 요소인 가정에 사랑이라는 양분이 말라 가는 것이다. 어쩌면 이 사회의 각박함과 사랑의 메마름의 현실이 아름다운 가정이 점점 깨어지고 있기에 나타나는 현상일지도 모른다.

사회적으로 문제를 일으키는 청소년들의 생활환경을 보면, 많은 경우가 결손가정이나 부모가 모두 일터에 나가 있어서 돌보아 줄 수 없는 형편임을 알 수 있다.

앞장에서 논했듯이 학교에서 돌아온 아이는 아무도 반겨 주는 사람이 없는 집에 돌아와 무거운 가방을 던져 버리고 게임을 하던지 혼자 지내게 된다. 아주 어릴 때부터 외로움에 시달리는 것이다. 그러다가 나쁘고 과격한 오락물에 중독이 되고 혹은 비슷한 환경에 처한 친구들과 어울려 다니며 나쁜 짓을 배우게 된다.

그런 환경의 시작에서 무섭고 각박한 사회가 만들어지는 기초를 형성하는 것이다. 이 사회가 무섭고 각박하다고 말하기 이전에 내게 주어진 아이를 바로 키우는 의무를 잘 이행했는가를 돌아보라.

신생아를 가진 엄마가 아기 출생 후 9개월 이내 기간에 직장에서 일을 했는지, 그렇지 않은지에 따라 차후 아기의 지적 능력에 큰 차이가 생긴다는 조사 결과가 나왔다.

미국 국립아동건강연구소는 900명의 백인 아동을 대상으로 출생 후부터 36개월간 조사한 끝에 이와 같은 결론을 냈다고 미국 일간지 뉴욕타임스가 보도했다.

생후 9개월이 될 때까지 직장여성 엄마 밑에서 자란 아기는 3세 때 학습능력을 테스트한 결과, 직장에 나가지 않은 엄마 밑에서 자란 아이에 비해 색, 문자, 숫자, 형체 등을 구분하는 능력이 떨어졌다. 이 조사에서 직장여성이란 1주일에 30시간 이상 일하는 경우를 말한다.

브래켄 취학준비 테스트라는 이름의 이 테스트에서 주부

엄마 밑에서 자란 3세 아이들은 평균 50%의 구분능력을 나타냈으나 일하는 엄마 밑에서 자란 아이들은 44%의 구분능력만 보였다.

이번 연구에 참여한 컬럼비아대 사회활동연구소의 제인 왈드포겔은 그 같은 능력 차이는 매우 큰 것이며 되도록 아기가 한 살이 될 때까지는 엄마가 집에 있는 게 좋다는 결론을 내리게 됐다고 밝혔다.

이 조사는 또 탁아소에 오래 맡겨진 아이일수록 공격적인 성향을 띤다는 사실을 밝혀냈다.

국립아동건강연구소측은 생후 초기에 엄마가 직장근무를 할 경우 아기의 지적능력 발전과 관련된 부정적 영향은 애들이 7~8세가 될 때까지 계속 나타난다고 밝혔다.


가능하다면 가급적 내 아이는 내가 키우자. 이것은 아주 어리면 어릴수록 더 지켜져야 하는 원칙이다. 아버지의 의무가 경제활동에 있다면 어머니의 의무는 가정 돌봄에 있다. 이 원칙이 지켜질 때 우리의 아이는 행복한 가정을 소유하게 될 것이고, 이 사회는 밝은 사회가 될 것이다.

# 세상이 넓음을 가르쳐라!

## 세상은 넓고 가르칠 것은 가득 찼다.

우리나라 대그룹 총수였던 어느 분이 위대한 말을 남겼다. 그 분의 삶이 어떠했는지는 관심을 가질 필요가 없다. 하지만 한참 일 할 때 남긴 말인데, 위대한 명언이다.

"세계는 넓고 할 일은 많다!"

임신한 분이나 아이를 키우는 어머니들이 꼭 기억해야 하는 말이다. 태중의 자녀에게 세상을 보여주어라. 어차피 눈동자는 사물을 보는 기능을 할 뿐이지 정말 보는 것은 마음으로 하는 것이다. 어머니의 눈동자로 사물을 받아 태아에게 전해 주어야 한다. 태아에게 가능한 많은 세상을 보게 해 주어라.

어린 아이를 키우는 분들 역시 마찬가지이다. 아이들과 함께 외출을 하라. 유치원에 가면 일주일 동안 가르칠 학습 계획표가 있다. 월요일에는 무엇을 하고, 화요일에는 어디를 가고, 등등...

그런 계획표처럼 정확하게 이행은 못할지라도 아이들과 일주일에 한번은 외출을 해라. 소풍가듯이 짐을 메고 버스를 타기도 하고 걷기도 하고 말 그대로 여유 있는 소풍을 하라.

이것이 즐기는 육아를 의미한다. 어차피 집에서 아이와 함께 정신없이 지내느니 밖에 나가서 여유를 즐기면 많은 것을 보여주는 공부도 되고 하루라는 시간의 효율성을 찾을 수 있다.

일주일에 한번은 공원을 가라. 공원에서 맑은 공기와 숲과 나무를 보게 하라. 비둘기 먹이도 사서 뿌려 주어라. 붕어밥도 사서 뿌려 주어라. 아이는 평생 잊지 못할 것이다. 자연을 보여 주는 것만큼 정서에 좋은 것은 없다. 이것은 아이를 키우는 엄마에게도 좋은 쉼이 된다.

그 다음 주에는, 미술관에 가라. 태중의 아이와 함께 가고 있음을 잊지 말고 가라. 태아에게 많은 그림과 작품을 보여주라. 분명히 예술을 이해하는 아이가 탄생 할 것이다. 어린아이와 함께 가는 분도 마찬가지다. 어린 아이의 뇌 속에 많은 그림을 집어넣어 준다는 마음을 가져라.

그 다음주에는, 박물관에 가라. 그 다음 주에는 음악회에 가라. 그 다음 주에는 전시회장에 가라. 그 다음 주에는 아빠가 일하는 회사에도 가라. 그 다음 주에는 호수가 있는 시골에도 가라. 그 다음 주에는 아이가 다닐 초등학교 교정에도 가라. 그 다음주에는...

우리나라는 예로부터 아이를 업고 키웠다. 아니면 안고 키웠다. 길을 갈 때도 아이가 엄마의 가슴을 보도록 품에 안고 길을 갔다. 결국 아이들은 어릴 때부터 엄마의 등과 포근

한 가슴만 보고 성장한 것이다. 매일 포근한 품속에서 잠만 잤다. 그래서 우리나라 사람들은 적극적이지 못하고 언제나 안정된 상황만을 좋아하는가 보다. 그리고 세상을 넓게 보지 못하는 성품을 가지고 태어나, 언제나 침략을 받기만 했지 한 번도 남을 침략해 보지 못했다.

그러나 서양 사람들은 업고 키우는 경우가 거의 없다. 안고 키우지만 안아도 엄마의 가슴을 보고 안는 것이 아니라, 앞을 보며 가도록 앞으로 안고 간다. 그들은 엄마와 함께 길을 가면서 많은 것을 보고 자랐다. 진취적으로 자랐다. 뇌 속에 많은 것을 채우며 자랐다. 그래서 세계를 정복하고 다스리는 일을 많이 했는지도 모른다.

그렇다고 아이들을 부정적으로 키우자는 말이 아니다. 좀 더 세계를 향해 웅대한 꿈을 펼 수 있는 자녀로 키우자는 말이다.

# 책을 읽는 척하자!

**책을 읽는 엄마가 못 될 바에는
책을 읽는 척이라도 하자.**

어떤 아이가 책을 참으로 좋아했다. 책을 좋아하니 지혜롭고 공부도 잘했다. 그 어머니에게 물어 보았다.

"아드님이 어째서 그렇게 책을 좋아하지요?"

"예, 그 아이가 어릴 때 내가 책을 읽는 척을 많이 했어요."

아이와 함께 있을 때는 언제나 엄마가 책을 보았다는 것이다. 그리고 아이가 유치원에서 돌아 올 시간에는 보던 TV도 끄고, 하던 빨래도 멈추고, 낮잠을 자다가도 얼른 일어나 책을 읽는 척을 했다는 것이다. 이 아이의 눈에 비친 엄마는 언제나 책을 읽고 있었고, 그러니 아이 역시 책을 좋아할 수밖에 없었을 것이다. 참으로 지혜로운 엄마이다.

책을 읽도록 하자. 엄마가 먼저 책을 읽자. 엄마는 TV 드라마를 보면서 아이에게 책을 읽으라고 하면 아이가 받아들일 수 있겠는가? 책을 읽는 척이라도 하자.

일주일에 한번은 서점에 가라. 태아와 함께, 아니면 아이의 손을 붙잡고 서점에 들러라. 책을 사서 읽지 않아도 세상 돌아가는 감각을 알 수 있을 것이고, 아이에게 책을 친근하게 만드는 가장 좋은 방법이 될 것이다.

사실 세계를 누가 지배하는가? 책을 읽는 나라가 지배한다. 특히 앞으로의 시대는 지금보다 더 급변하는 정보화의 시대로 누가 많은 정보를 알고 있는가가 관건이다.

훌륭한 위인들은 모두가 책을 사랑하는 사람들이었다. 책 속에 길이 있고, 책 속에 방법이 있다. 우리나라 아이들이 어릴 때는 외국 아이들을 능가하지만, 대학생이 되면서부터는 외국아이들을 따라가지 못하는 이유가 어디에 있는가? 바로 독서 능력에 있는 것이다. 우리나라 아이들은 어릴 때 암기식으로 공부를 하기에 순간은 뛰어나 보이지만 점점 자랄수록 창의력이 떨어져 외국아이들을 당하지 못하는 것이다. 외국 아이들은 청소년시절에 이미 세계문학전집을 독파하는데, 우리는 입시교육에 치중하느라 대학에 가서야 세계문학을 접하게 되니 뒤떨어질 수밖에 없다. 독서에 창의력이 있다. 독서가 큰 인물을 만든다.

책 중의 책이요, 정보중의 정보가 담긴 책도 게을리 하지 말라. 그 책이 무엇인가? 하나님의 말씀이 담긴 성경이다.

# 인터넷을 활용하라!

**정보화시대에 맞는 신세대 어머니가 되라.**

아이를 키우면서 가장 소홀히 하는 것이 세상지식과 담을 쌓는 것이다. 요즘은 인터넷이 있어서 얼마나 좋은 시대인지 모른다.

어떤 아기의 엄마는 홈페이지를 만들어 아기를 키우는 과정을 모두 공개한다. 어쩌면 자신의 생활 전체를 모든 사람에게 공개하는 것이다. 그리고 자신도 네티즌들로부터 많은 도움을 받고 있다.

컴퓨터를 조금 할 줄 아는 사람들은 아예 가족 홈페이지를 만들어 운영하면 아이를 키우는 것이 즐거울 수 있다. 아이의 키가 달라질 때마다 사진에 담아 올리고, 아이의 성장 과정에서 느낀 것들을 다 올려놓으면 자신과 가족 모두에게 좋고 다른 사람들에게도 좋은 정보를 제공하는 것이다. 무엇보다도 아이를 키우면서 홈페이지를 운영하는 가정과 연결되면 참으로 좋은 친구가 될 수 있다.

1999년 신지식인에 선정된 곽종운님은 21세기에 앞서가는 3가지 힘이 정보수집능력과 정보적용능력과 기록능력

(평생공부)라고 말한다.

이것을 모두 이룰 수 있는 장이 인터넷이다. 인터넷에 들어가 검색 사이트에 들어가 찾고 싶은 단어를 입력하면, 모든 정보가 쏟아질 듯이 나온다. 아이를 기르는데 필요한 모든 궁금한 것들과 상식이 그 속에 있다.

소아과에서 알려주기도 하지만, 내가 내 자식을 직접 챙겨야 한다. 인터넷에 들어가 '예방 접종'이라고 입력해 보라. 몇 개월에 어떤 주사를 맞혀야 하고, 몇 년째에는 무엇을 해야 하고... 기타 등등을 자세히 알려준다.

또한 자녀가 학교에 입학을 하면 과제물이나 기타 조사를 위해서는 인터넷은 필히 다룰 줄 알아야 한다.

인터넷을 하는 것이 오히려 해가 되는 경우도 있다. 가정주부들이 채팅을 해서 문제가 되는 경우를 종종 본다. 한 동안 가정주부들의 채팅이 불륜으로 이어져 사회적으로 문제가 된 적이 있었다. 채팅이나 무익한 사이트로부터 자유 할 줄도 알아야 한다. 아이를 키우는 엄마로써 부끄러운 일을 하지 말아야 한다.

수준 낮은 문화로부터 벗어나서 유익하고 행복을 전해 주는 높은 문화로 이용하라.

아이가 좀 더 자라서 초등학생이나 청소년기가 되면 엄마와 아이가 메일을 주고받아야 한다. 대화로 할 것이 있고, 편지나 글로 전할 말이 따로 있음을 알자. 스마트폰으로 인해 요즘은 의사소통이 너무 간결해지고, 가족 간의 깊이 있는 대화가 점점 더 없어지는 현실이 너무나 안타깝다.

자녀의 자존심이 상할 문제들은 메일을 보내 차근차근 교훈하고 훈계해 보자. 자녀가 그 단점을 쉽게 고칠 수 있을 것이다. 그리고 인격적으로 대접하는 엄마에게 감사할 것이다.

자녀에게 칭찬할 일이 있을 때도 메일을 보내 보라. 자녀는 더욱 분발하며 자신의 삶을 자신 있게 살 것이다.

# 남편에게 짐을 지우지 말라!

## 남편이 자발적으로 돕는 일이 아니면
## 점차 퇴근시간이 늦어질 것이다.

아내가 하루 종일 아이에게 시달려 파김치가 되면 저녁때 퇴근해서 돌아오는 남편이 참으로 반갑다. 이제부터는 남편에게 아이를 맡겨 놓을 수 있으니 얼마나 반갑겠는가? 그래서 남편들이 집에 들어가는 순간부터 아이를 안고 있어야 하는 경우가 많을 것이다.

그러나 이것을 생각하라. 남편도 하루 종일 처자식을 위해서 정신없이 뛰다가 들어 왔다는 것을...

때로는 상사에게 싫은 소리를 들으며, 때로는 실적이 없어서 기운이 하나도 없는 상태이기도 하며, 때로는 인원감축의 소문에 기가 팍 죽어 있을 수도 있다. 남편이 하루 종일 놀다가 오거나 쉬다가 온 것이 아님을 알아라. 어쩌면 아이를 키우는 아내보다 몇 십 배 더 심한 전투를 치르고 돌아온 병사와 같다. 오늘은 쉬어야 내일 또 전투장으로 나갈 수 있는 병사와 같다.

적어도 남편이 자연스럽게 도와 줄 때는 감사한 일이지만, 그 문제로 싸울 생각은 말아라. 적어도 도움을 받고 싶을 때는 지혜롭게 도움을 청하라. 그리고 자발적으로 도와줄 수 있게 하라. 집에 퇴근하면 당연히 아이를 돌보아야 한다는 생각은 접어라. 만약 남편이 도와주는 것이 자발적이지 못하고 억지로 하는 것이 된다면, 남편은 점차 퇴근 후 친구들과 보내는 시간을 늘릴 것이다.

남편도 가정에서 쉬고 싶은 마음이 생기도록 자유함을 주어라. 가정에 가면 편히 쉴 수 있다는 생각이 남편의 마음을 지배하도록 하라. 피곤해 죽을 지경인데 집에 가면 아이를 보아야 한다는 생각이 들면 집에 가는 발걸음이 무거울 것이다. 아이를 돌보아 주는 것도 자유로 맡기어라. 하나도 안 도와주어도 어쩔 수 없는 것이다. 싸운다고 될 일이 아니다.

아이를 키우는 것은 당연히 아내의 몫이고, 아내의 사명이라는 것을 잊지 말자. 남편에게 너무 큰 짐을 지게 하는 것은 현숙한 여인이 아니다.

# 남편과 행복 하라!

## 남편도 잘 돌보라.
## 남편은 제일 큰아들이다.

보통 여자들이 자기들의 남편을 "우리 집 큰아들" 이라고 표현한다. 여자 입장에서 보면 맞는 말이다. 사실 남편들은 아내가 챙겨주는 밥을 먹고, 아내가 빨아주는 옷을 입고, 아내가 넣어준 손수건을 사용한다. 결혼하기 전에 어머니가 하시던 일을 결혼 후에는 아내가 하는 것이다. 아내가 어머니처럼 챙겨주고 일러주어도, 칠칠맞아서 챙겨 준 것도 다 잃어버리고 오기도 한다. 그렇게 일찍 들어오라고 해도 매일 친구 만나 늦게 돌아오는 정말 말 안 듣는 아들이다. 자식이 나 같으면 패주기나 하지 팰 수도 없는 아들이다. 사실 여자 입장에서 보면 철딱서니 없는 일을 남편들이 얼마나 많이 하는가?

무슨 말인가? 남편을 아들 취급하며 살자는 말인가? 아니다. 남편과 행복해야 아이를 돌보는 일도 행복하고 즐거울 수 있다는 말이다.

결혼하기 전 연애하던 시절을 기억하라. 멋진 레스토랑에서 식사를 하고 영화도 보고, 공원도 같이 거닐던 그런 젊은 마음을 유지하자. 남편에게 그런 분위기가 사라지지 않도록 여자 입장에서도 노력해야 한다.

아이를 키운다고 분위기도 다 잊어버리고, 남편도 제대로 챙기지 못하고, 결혼 전의 아름답고 예쁜 매력도 다 버리면 안 된다.

아이를 키우며 고생하는 아내를 남편이 알아주고, 밖에서 수고하는 남편을 아내가 인정해 주고, 그것을 서로 격려하며 도와주고 함께 외출과 외식도 하고, 아이와 함께 온 가족이 손을 잡고 공원을 거닐며 사는 멋을 알았으면 좋겠다.

아이에게 남편과 행복한 모습을 보여 주는 것이 가장 좋은 교육의 방법이다. 아이들이 보는 앞에서 아내를 챙겨주고, 아내를 가볍게 안아주고, 아내가 남편의 어깨에 기대어 있고, 아내가 남편을 대할 때 예의를 다 하는 모습을 보여줄 때... 이런 모습은 아이들에게 가장 좋은 정서를 전해 준다.

# 가족과 함께 노래하라!

**노래는 즐거움을 만든다.**
**노래는 행복함을 만든다.**

노래가 있는 사람은 그 영혼이 맑은 사람이다. 노래가 있는 가정은 그 가족들이 밝고 건강한 사람들이다. 노래가 있는 공동체는 단결력이 있는 모임이다. 노래가 있는 나라는 희망이 있고 성장할 가능성이 있는 나라이다.

가족들과 함께 노래방을 가는 것도 즐거운 일이다. 대부분의 아이들은 친구들과 어울려 노래방을 간다. 부모의 입장에서 아이들이 어떤 노래를 주로 부르는가에 관심을 가져야 한다. 더욱 중요한 것은 아이들이 좋은 노래를 부르게 하는 것도 가르쳐야 한다. 특히 건전하고 정서적으로 도움이 되는 노래를 선곡하는 법도 알려주고, 언제나 밝고 건강한 노래를 부르게 권유해 주어야 한다.

노래 중의 노래는 찬양이라는 것을 가르쳐 주는 것도 매우 중요하다. 찬양은 하나님을 사랑하는 마음을 심어 준다.

가끔 '작은 음악회'를 열어보라. "음악은 신이 내린 선물"이란 말이 있다. 온 가족이 클래식 음악 감상에 젖으며 다과를 나누는 것은 최상의 아름다움이 될 것이다.

바흐나 헨델, 또는 현대적인 경배와 찬양 등의 음악으로 거실을 가득 채워 보자. 아이들에게 음악을 소개하고 작곡가들의 생애를 들려주면 한층 고급스러운 음악을 친근하게 접할 수 있을 것이다.

분위기를 위해 촛불을 켜 보자. 거실 군데군데에 촛불을 밝히면 한층 음악을 듣는 분위기가 살아 날 것이다. 음악을 듣는 순서지도 예쁘게 만들어 보자. 먼저 음악을 선곡하고 선곡된 음악을 감상할 순서대로 간단한 순서를 만들면 더욱 멋진 음악회가 될 것이다. 요즘은 컴퓨터 작업으로 얼마든지 집에서도 예쁘게 만들 수 있을 것이다. 진행자를 정하여 음악을 소개하고 진행하는 것도 좋다.

간단한 다과를 나누며 조용히 음악을 들어도 좋고, 음악을 들으면서 대화를 나누어도 좋다. 무엇보다 음악 감상보다 대화가 더 중요하기 때문이다.


또 여유가 된다면 가족들 중 한 사람이라도 악기를 배우면 좋겠다. 피아노, 바이올린, 클라리넷, 통기타, 하모니카 등의 악기를 연주하며 함께 노래하는 것도 좋다.

노래는 즐거움을 만든다. 노래는 행복감을 만든다. 노래는 일체감을 만든다. 가족들이 가끔 노래를 하거나 음악을 들으며 대화를 나눈다면 그 가정은 반드시 행복할 것이다.

그리고 아이들이 정서적으로 잘 자랄 뿐 아니라 가족에 대한 좋은 추억을 가지게 될 것이다.

필자는 어릴 때 가졌던 좋은 추억들이 많다. 아버지께서 가족들을 데리고 시냇가에 가서 어항으로 물고기를 잡는 물놀이를 좋아하셨다.

그 당시에는 물이 깨끗하여 어항으로 고기를 잡아 초장에 찍어 먹기도 하고 매운탕을 끓여 먹기도 했다. 우리는 물놀이를 하다가 쉬고 싶으면 미루나무 그늘 아래에 쳐진 텐트에 들어가 낮잠을 자기도 했다. 텐트 속에서 어항을 놓는 아버지와 음식을 준비하는 어머니, 모래성을 쌓는 동생들의 모습, 밤이면 모닥불을 피워 놓고 노래자랑이며 옛날이야기를 하던 일들이 지금도 눈에 선하다. 그중에서도 어항으로 물고기 잡는 법을 가르쳐 주시던 아버지가 가장 그립다.

지금은 하늘나라에 계시지만 나의 어린 시절에 좋은 추억을 만들어 주신 아버지께 감사를 드린다.

축복하는 아버지 기도하는 어머니

4부

# 주님!
## 저희가 이렇게
## 기도하겠어요!

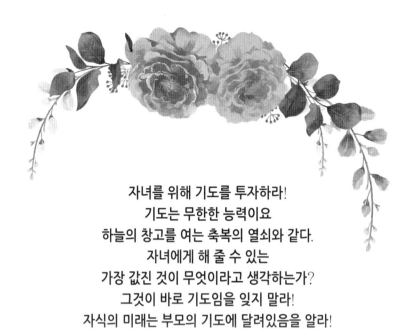

**자녀를 위해 기도를 투자하라!
기도는 무한한 능력이요
하늘의 창고를 여는 축복의 열쇠와 같다.
자녀에게 해 줄 수 있는
가장 값진 것이 무엇이라고 생각하는가?
그것이 바로 기도임을 잊지 말라!
자식의 미래는 부모의 기도에 달려있음을 알라!**

이 기도문 전체는 모두 임신 중에 하나님께 드릴 수 있는 기도문이다.
태아의 미래를 상상하며 드리는 기도이다.
아직 태아지만 결혼까지를 상상하며 기도를 저축하는 것이다.
그리고 출산 후 아이를 양육할 때도 상황에 따라 활용하면 좋을 것이다.

# 임신을 기다리는 기도

오! 주님!
정결케 하소서.
우리의 마음이 정결케 하소서.
우리의 생각이 정결케 하소서.
우리의 언어가 정결케 하소서.

가장
아름답고 정결한 시간에
당신의 선물을 받기를 원합니다.
당신의 형상을 닮은 선물을 받기를 원합니다.

오! 주님!
우리로 하여금 기도하게 하소서.
우리로 하여금 찬송하게 하소서.
우리로 하여금 말씀을 묵상케 하소서.

가장
은혜롭고 성령이 충만한 시간에
당신의 선물을 받기를 원합니다.

오! 주님!
맑은 하늘 뭉게구름처럼
깊은 산속 깨끗한 옹달샘처럼
아무것도 그려지지 않은 도화지처럼...
태중에서부터 성령이 충만한 세례요한처럼...
그런 자녀를 허락하소서.

우리 두 사람
정결하고 아름답게 하소서.

예수님의 이름으로
기도합니다.

# 생명 주심을 감사하는 기도

오, 주님이시여!
당신은 생명의 주인이심을 우리가 고백하나이다.
당신은 우리 인생의 주인이심을 우리가 고백하나이다.
당신은 만유의 주인이 되심을 우리가 고백하나이다.

오, 주님이시여!
저희 가정에 귀한 자녀를 주심을 감사합니다.
우리가 자격이 있어서가 아니라,
우리가 잘 나서가 아니라,
오로지 주님의 은혜임을 고백합니다.

오, 주님이시여!
감사와 기쁨으로
기도와 찬송으로
은혜와 감격으로
이 아이가 태어나기까지
그렇게 살게 하소서!

예수님의 이름으로
기도합니다.

# 태중의 아이를 축복하는 기도

주님!
이 아이에게

주님!
이 아이에게

성령 충만을 주옵소서.
지혜로 자라게 하옵소서.
건강으로 자라게 하옵소서.
기쁨으로 자라게 하옵소서.

예수님의 이름으로
기도합니다.

*아내의 배 위에 손을 얹고 남편이 드리는 기도

# 임신 중에 드리는 기도 1

주님!
우리 아이가
아브라함의 복을 받게 하소서.

아브라함은
하나님께 인정받는 믿음을 가진 사람이었습니다.

하나님의 명령에 순종하는 믿음으로
하나님을 경외하는 신앙으로
자기의 아들 독자 이삭이라도
하나님께 드리는 순종과 경외함을 주셔서
하나님께 인정받는 사람으로 자라게 하소서.

아브라함이
믿음의 조상으로
온 백성의 복의 근원이 되었듯이...

주님!
우리 아이가
아브라함의 복을 받게 하소서.

예수님의 이름으로
기도합니다

**축복하는 아버지 기도하는 어머니**

# 임신 중에 드리는 기도 2

주님!
우리 아이가
이삭의 복을 받게 하소서.

아버지의 믿음을 닮아 자신을 제물로 드리는 아버지와 자신의 생명을 요구하시는 하나님께 온전히 순종하는 이삭처럼, 우리의 아이를 그렇게 세우소서.

이삭의 온유한 성품을 닮게 하소서. 블레셋 사람들이 시기하여 우물 때문에 다툼이 생길 때마다 넓은 마음으로 양보하고 다른 곳에서 우물을 찾았듯이 우리 아이를 그렇게 세우소서.

이삭이 그랄 지방에 내려가서 농사를 지었을 때 백배를 수확했듯이, 우리의 아이가 이 땅에 사는 동안 물질의 복을 허락하사 하나님을 위하여 마음껏 드릴 수 있는 풍요로움을 주소서.

주님!
우리 아이가
이삭의 복을 받게 하소서.

예수님의 이름으로
기도합니다.

# 임신 중에 드리는 기도 3

주님!
꿈꾸는 사람 요셉처럼
우리 아이가 꿈과 비전의 사람으로 자라게 하소서.

꿈을 향해 가는 동안
시험과 환란이 요셉에게 닥쳤을지라도
하나님을 원망하지 아니하고 흔들림이 없이 나아갔듯이
우리 아이를 듬직한 믿음의 사람으로 세우소서.

때로는
악한 유혹이 다가 올지라도
선과 악을 분별하여 단호했던 요셉처럼,
그 일로 어려움이 온다 할지라도
온전한 하나님의 길을 걸었던 요셉처럼,
우리 아이를 그렇게 자라게 하소서.

결국은
하나님이 함께 하시므로
어디를 가든지 형통한 삶을 살았던 요셉처럼,
우리 아이가 형통한 인생을 살아가게 하소서.

예수님의 이름으로
기도합니다.

# 임신 중에 드리는 기도 4

주님!
우리 아이에게
모세의 지도력과 충성심을 주옵소서.

모세는 어려서 어머니의 젖을 먹으며 민족애를 배웠습니다. "너는 히브리인이다. 너는 하나님의 백성이다."라는 말을 귀가 열리면서부터 듣기 시작했습니다.

어린 시절 40년은 바로 왕의 궁중에서 살았습니다. 당시 애굽은 세계 문명의 중심지로서 천문, 지리, 의학, 수학 등 모든 분야가 크게 발달했었습니다. 그는 애굽의 지도자가 되기 위한 모든 학문과 무예를 다 익혔습니다.

그 다음 40년은 미디안에서 인격교육, 신앙교육을 받았습니다. 자연이 그의 스승이었고 고독이 교과서였습니다. 그 곳에서 모세는 자신을 발견하고 하나님을 만났습니다. 하나님의 사람으로서 인격이 완성되었습니다.

그리고 나서야 80세가 되었을 때 하나님의 종으로 부르심 받아 남은 40년간 쓰임 받게 되었습니다.

주님!
우리 아이가 이 세상을 이끌어 가는 지도자로 살게 하시되 어려서부터 준비된 자가 되게 하시고, 결국 모세처럼 하나님의 나라를 위해 일하는 사람으로 세워주소서.

예수님의 이름으로
기도합니다.

# 임신 중에 드리는 기도 5

주님!
우리 아이가
사무엘처럼 자라게 하소서.

기도하는 어머니 한나에게서 출생하여
일평생 죽는 날까지 기도하기를 쉬지 않은 사무엘처럼
기도하는 사람으로 살게 하소서.

어려서부터
실로에 있는 성소에서 하나님 앞에서 자랐듯이
우리 아이가 어려서부터 교회교육에 즐거움을 느끼게 하시고
일평생 교회를 떠나지 않게 하소서.

일평생
남의 것을 취하거나, 압제하거나,
눈을 흐리게 하는 뇌물을 취하지 아니했던 사무엘처럼
우리 아이가 일평생 정직하게 살게 하소서.

예수님의 이름으로
기도합니다.

# 임신 중에 드리는 기도 6

주님!
우리 아이가
다윗처럼 자라게 하소서.

어린 시절에는 다윗이
하나님의 능력을 100% 신뢰하여
골리앗을 무너뜨렸듯이
우리 아이가 어릴 때부터
순전한 믿음을 가지게 하소서.

자라서는 하나님을
왕으로 섬기는 다윗처럼 자라게 하소서.
기럇여아림에 있는 언약궤를
다윗성으로 모셔 오는 믿음과
언약궤가 휘장 안에 있음을 마음 아파하며
성전 건축하기를 소원했던 믿음을
우리 아이에게 주소서.

때때로 죄를 지었을 때는
선지자의 책망을 겸손히 받아들이며,
침상이 젖도록 회개했던 다윗처럼
그렇게 자라게 하소서.

예수님의 이름으로
기도합니다.

# 임신 중에 드리는 기도 7

주님!
우리 아이가
욥의 신앙을 갖게 하소서.

욥은 생일 같은 날 온 집안 형제들이 모여 잔치를 하고 즐긴
후에는 다음날 아침 반드시 자녀들의 수대로 번제를 드렸습
니다. 혹시 아들들이 마음으로 하나님을 배반하지 않았을까,
혹시 잔치를 하던 중 하나님께 범죄 하지 않았을까 하는 생각
때문이었습니다.
우리 아이에게 욥처럼 부유한 중에도 잘 믿는 신앙을 주소서.

욥이 자녀를 다 잃고, 재산을 다 잃고, 온 몸에는 악창으로
고난을 받을 때에도 결코 하나님을 원망하거나 하나님을 향
한 믿음이 시들지 않았고, 결국 시험과 환란을 이기어 갑절
의 축복을 다시 받았듯이, 우리 아이가 일평생 사는 동안 욥
의 신앙처럼 시험을 이길 수 있는 강한 믿음을 주소서.

예수님의 이름으로
기도합니다.

# 임신 중에 드리는 기도 8

주님!
우리 아이에게
다니엘의 믿음을 주소서.

하나님의 사람으로서
왕에 대한 신의보다 하나님에 대한 신앙을 더욱 중요하게 여겨서 왕의 진미와 포도주로 자신의 몸을 더럽히지 않은 다니엘의 순수한 믿음을 닮게 하소서.

왕 이외에 어느 누구에게든 기도하는 사람은 사자 굴에 던져진다는 사실을 알고도 하루에 세 번씩 예루살렘을 향하여 창을 열어 놓고 기도하던 다니엘의 믿음을 닮게 하소서.

주님!
우리의 아이가 일평생 사는 동안에
어떠한 환경과 여건에 놓여진다 할지라도
결코 믿음이 변절되지 않도록 지켜주소서.

예수님의 이름으로
기도합니다.

# 임신 중에 드리는 기도 9

주님!
우리 아이가
베드로의 믿음을 배우게 하소서.

갈릴리 바다에서
주님이 부르실 때 배와 그물을 버려두고
예수를 따르는 베드로의 결단력을 배우게 하소서.

주님께서
그물을 더 깊은 데로 가서 던지라고 할 때
말씀에 의지하여 그물을 내리겠다던 순종함을 배우게 하소서.

"요한의 아들 시몬아,
네가 다른 사람들보다 나를 더 사랑하느냐?"
"내 양을 먹이라."
베드로에게 주셨던 그 사명을 우리 아이에게도 주소서.

예수님의 이름으로
기도합니다.

# 임신 중에 드리는 기도 10

주님!
우리 아이가
마리아의 헌신을 배우게 하소서.

예수께서
베다니 문둥이 시몬의 집에 계실 때
마리아가 매우 귀한 향유 한 옥합을 깨뜨려
주님의 머리에 부어 드려 주님을 기쁘게 함으로
"내가 진실로 너희에게 이르노니 온 천하에 어디서든지
이 복음이 전파되는 곳에는 이 여자의 행한 일도 말하여
저를 기념하리라."는 복을 받았습니다.

주님!
우리 아이가 마리아 같은
헌신된 삶을 살게 하시고 주님을 기쁘게 해 드리며
그리고 주님이 기념하실 만한 일들을 행하게 하소서.

예수님의 이름으로
기도합니다.

# 임신 중에 드리는 기도 11

주님!
우리 아이가
바울의 신앙을 따르게 하소서.

로마 시민권을 가지고, 당시 최고 랍비였던 가말리엘의 문하
생이 되어 율법을 전수 받은 그는 엄격한 바리새인의 규율에
익숙해 있었고 젊은 나이에 이미 산헤드린 공회의 의원이라
는 당시 최고의 명예와 권세를 누릴 수 있었습니다.
그러나 그는 예수 안에서 지금까지의 명예와 권세를 배설물
처럼 버렸습니다. 사울이 바울이 된 것입니다.

자신의 사명을 바로 알았고 그 사명을 완수하기 위해 한평생
을 다 바쳤습니다. 그는 다메섹에서 부름 받은 후 안디옥 교
회의 선교사로 파송을 받습니다. 1차, 2차, 3차에 걸친 전도
여행을 통해 복음의 불모지였던 소아시아와 마게도냐 지방
에 복음을 전하고 교회들을 세웠습니다. 일평생 복음을 전하
는 자로 살았습니다. 그리고 하나님의 말씀을 기록하는 은총
을 받았습니다.

주님!
우리 아이에게
바울을 따르는 삶을 살게 하소서.

예수님의 이름으로
기도합니다.

# 임신 중에 드리는 기도 12

주님!
우리 아이가
디모데의 신앙을 배우게 하소서.

디모데가 사도 바울에게
믿음의 아들로 사랑 받았듯이
교회에서 목회자들로 하여금 사랑 받게 하소서.

디모데가 예수님에게는
좋은 군사요, 경기하는 선수요, 수고하는 농부처럼
성실하고 충성된 일꾼이었듯이
우리 아이가 그렇게 자라기를 원합니다.

주님!
우리 아이가
디모데의 신앙을 배우게 하소서.

예수님의 이름으로
기도합니다.

# 순산을 위한 기도

주님!
태중의 아이가 출생할 때
하나님이 함께 하소서.

준비된 마음과 시간에 출산케 하시며, 예정된 날짜를 벗어나
지 않게 하시되 모자라지도 넘기지도 않게 하시어 가장 좋은
시간에 출산하게 하소서. 고통을 이기게 하시고 주님을 의지
하게 하소서. 순산토록 하소서. 출산이 고통이 아니라 생명
의 신비함에 감격하는 순간이 되게 하소서.

의사와 간호사 선생님들과 함께 하시어
여유와 평안한 마음으로 출산에 임하게 하소서.

주님!
태중의 아이가 출생할 때
하나님이 도와주소서.

예수님의 이름으로
기도합니다.

# 출생을 감사하는 기도

주님!
저희에게
아버지가 되게 하심을 감사합니다.
어머니가 되게 하심을 감사합니다.

주님!
저희가 아버지입니다.
저희가 어머니입니다.

주님이 원하시는 아버지가 되게 하소서.
주님이 원하시는 어머니가 되게 하소서.

이 아이가
우리 가정에 기쁨이 되기를 원합니다.
우리 교회에 기쁨이 되기를 원합니다.
우리 나라에 기쁨이 되기를 원합니다.

예수님처럼
키가 잘 자라게 하시고
지혜가 잘 자라게 하소서.
준수한 인물로 자라게 하소서.

그래서
사람들과 하나님의 사랑을 받는 아이로 자라게 하소서,

예수님의 이름으로
기도합니다.

# 젖을 먹일 때의 기도

주님!
이 아이에게
젖을 먹입니다.

주님!
이 아이에게
건강이 되게 하소서.

주님!
이 아이에게
행복이 되게 하소서.

예수님의 이름으로
기도합니다.

# 잠을 잘 때의 기도

주님!
잠 잘 때에도 평안함을 주소서.
나쁜 꿈을 꾸지 않게 하소서.

오늘 하루도 우리 아이가 건강과 기쁨으로 살게 하시고
학교생활을 잘 하게 하심을 감사합니다. 웃음과 장난과
오락으로 행복해 하던 하루를 주심을 감사드립니다.
아빠를 부르며, 엄마를 부르며 응석을 부리며 놀던
하루를 주심을 감사드립니다.

주님!
잠자는 동안 행복을 주소서.
잠자는 동안 키가 자라게 하소서.
잠자는 동안 지혜도 자라게 하소서.
잠자는 동안 피곤함도 사라지게 하소서.

아침이 될 때
즐거움으로 아침을 맞게 하소서.
해맑은 웃음으로 아침을 맞게 하소서.

예수님 이름으로
기도합니다.

# 이불을 차 버리고 자는 자녀에게 새벽 무렵 이불을 덮어주며 드리는 기도

주님!
건강하고 개구 짖게 잘 자라게 하심을 감사합니다.
지나간 낮에 즐겁게 놀며 행복해 하던 해맑음을
이 아이에게 영원히 허락을 하소서.

주님!
오늘 아침이 밝을 때
잠에서 깨어 행복한 하루를 시작하게 하소서.

주님!
아침 식사를 할 때는
가리지 않고 모든 것을 맛있게 먹게 하시며
밭에서 수고한 농부의 고마움과
주방에서 음식을 만든 어머니에게
그리고 모든 우주만물을 주시는 하나님께 감사하며
식사를 하게 하소서.

주님!
아이의 창문에
따사로운 볕이 들어오는 시간까지
더욱 평안한 잠이 되게 하소서.

예수님의 이름으로
기도합니다.

# 아침 식사를 할 때
# 온 가족이 부르는 노래

날마다
우리에게
양식을 주시는
고마우신 하나님
참 감사 합니다.
아멘.

주님!
이 음식이
우리 몸에 들어와
약이 되게 하시고
건강이 되게 하소서.

예수님의 이름으로
기도합니다.

# 초등학교 입학을 앞두고
# 드리는 기도

주님!
우리 아이가 초등학교에 입학합니다.
오늘까지 지혜와 건강으로 잘 자라게 하심을 감사합니다.

새로운 환경을 대할 때 두려움을 갖지 않게 하소서.
그래서 학교생활에 잘 적응케 하소서.
친구들과 좋은 사귐을 갖게 하시며
선생님을 존경하고 따르게 하소서.

초등학교에 입학이 배움의 시작이오니
자라감에 따라
재능과 관심분야를 발견케 하시어
자기 분야에 전문가로 성장하게 하소서.

주님!
학교와 책과 배움에
즐거움을 갖게 하소서.

예수님의 이름으로
기도합니다.

# 학교에 보내며 현관에서 드리는 기도

주님!
사랑하는 아들이 학교에 갑니다.
오늘도 즐거운 하루가 되게 하소서.

친구들에게 사랑을 받게 하시고
선생님에게 칭찬을 받게 하소서.
공부할 때는 솔로몬 왕에게 주셨던 지혜를 주소서.

학교를
오가는 길에도
평안하게 인도하시고
지켜 주소서.

예수님의 이름으로
기도합니다.


* 현관에서 머리에 손을 얹고 혹은 포옹을 하고 기도합니다.

# 믿음과 용기 있는 자녀로
# 성장하기를 위해 드리는 기도

주님!
이 아들이 자랄 때
다니엘의 믿음으로 자라게 하소서
하나님을 배반하지 아니하며 시대의 풍조에 요동하지 않는
다니엘의 믿음을 주소서.
세상의 유혹이 저를 유혹할 때 다니엘을 기억하게 하소서.

주님!
이 아들이 자랄 때
사무엘의 믿음으로 자라게 하소서.
하나님의 전에서 믿음을 배우게 하시고
세상과 타협하지 않는 성결한 사람으로 자라게 하소서.
죄악이 저를 넘어뜨리려고 다가올 때
사무엘의 성별됨을 기억하게 하소서.

예수님의 이름으로
기도합니다.

# 몸이 아픈 자녀를 위해 드리는 기도

"나는 치료하는 여호와라" 고 말씀하신 하나님 아버지!
이 시간 치료하시는 하나님을 의지합니다.

사랑하는 나의 자녀가 몸이 연약하여 몹시 아픕니다.
하나님이 치료하여 주소서.

이 시간 고통에서 벗어나게 하시고,
평안하게 잠을 자게 하시며,
잠을 자는 동안 깨끗이 낫는 역사를 주소서.

약을 먹을 때 치료함의 능력이 더하게 하소서.
일평생 주님을 위해 충성과 봉사를 할 수 있는
강건함을 허락하여 주소서.

예수님의 이름으로
기도합니다.

# 시험공부를 하는
# 자녀를 위한 기도

주님!
사랑하는 아들이
시험을 준비하고 있습니다.

즐거운 마음으로 공부하게 하소서.
공부를 즐기는 여유를 주소서.
어차피 공부할 때 열심히 하게 하소서.
최선을 다한 노력의 대가에 감사하게 하소서.
지혜를 주소서.
하나를 배울 때 그 이상을 깨닫는 지혜를 주소서.

시험을 치를 때에는
공부한 모든 것을 잘 기억하게 하소서.
답안을 작성할 때 실수하지 않게 하소서.

예수님의 이름으로
기도합니다.

# 사춘기를 지내는
# 자녀를 위한 기도

주님!
사랑하는 자녀로 하여금
세상 모든 것들을 밝고 긍정적으로 보게 하소서.

푸른 하늘을 주심도
맑은 시냇물을 주심도
예쁜 새를 주심도
꽃과 열매를 준비하는 나무들도
신선한 내음이 밀려오는 숲속의 길들도
주님께서 나를 위해 지었음을 감사하게 하소서.

친구들에게도, 부모님에게도, 선생님에게도
순종하며 사랑하며 이해하며 감사하며 살게 하소서.
사춘기를 지날 때에
바른 성품과 인격으로 올곧게 서게 하소서.

사람이 산다는 것은 참으로 행복한 일이고
의미 있는 것임을 알게 하소서.
그리고 이 세상에는
내가 해야 할 일이 많이 있음도 알게 하시고,
그것을 위해 내가 달려가야 할 시간도 있음을
알게 하소서.

나를 지으신 하나님께서
나를 향한 꿈과 비전이 있음을 알게 하시고,
그 일을 잘 준비하게 하소서.

사춘기를 지낼 때
잘못된 생각과 꼬임에 빠지지 않게 하시며,
특별히 '인터넷의 자살사이트' '음란사이트' 같은 어두움의
세상을 구별할 줄 아는 자로 삼으소서.
그리고 믿음으로 호기심을 이기게 하소서.
옳은 것과 옳지 않은 것을 선택할 줄 아는 믿음을 주소서.

사춘기를 지낼 때
오히려 성숙하고 성장하는 기회를 주소서.
어른 같은 목소리처럼 점잖아지게 하시고,
변화하는 신체에도 적응하여 성숙해지게 하소서.
이성을 바라볼 때도 육체를 보지 않고
심령과 영혼을 보게  하시며,
교회 안에서 건전한 교제를 이루게 하소서.

사춘기를 지낼 때
이제는 어린이의 신앙을 버리게 하시고,
청소년에 맞는 신앙을 갖게 하시며,
어른들과도 대화를 이룰 수 있는 심성을 주소서.

예수님의 이름으로
기도합니다.

# 기도를 잘 하는
# 자녀가 되도록 드리는 기도

주님!
이 아이가 자라가며
하나님께 기도를 잘 하는 자녀가 되게 하소서.

밥을 먹을 때도
공부를 할 때도
잠을 잘 때도
새로운 아침을 맞이할 때도
언제나 기도로 살게 하소서.

기분이 우울할 때도
친구와 다투어 기분이 상했을 때도
부모님께 꾸중을 들었을 때도
조용히 자신의 부족함을 깨달을 수 있도록 기도하게 하소서.

스스로의 미래와
하나님께 영광을 돌리는 삶을 위하여
꿈과 소망을 위해서도 날마다 기도하게 하소서.

하나님의 복음을 알지 못하는 나라와
그 나라에 선교하는 한국교회를 위해서도 기도하는
기도의 범위가 넓은 자로 세워주소서.

그리고
그 일을 이루는데
자신을 써 달라고 하나님께 매달리는 사람으로
세워주소서.

예수님의 이름으로
기도합니다.

# 찬송을 잘 하는
# 자녀가 되도록 드리는 기도

주님!
사랑하는 아들에게
찬송을 잘하는 자녀로 성장케 하소서.

음정과 박자와 리듬감을 가지게 하소서.

노래를 부를 때는
밝고 건전한 노래를 선곡하는 능력을 주시고,
세상에서 제일 위대한 노래가 찬송임을 알게 하소서.
그리고 그 찬송을 즐겨 부르게 하소서.

자라서는
성가대에 서게 하시고,
다윗처럼 악기를 잘 다루게 하소서.

하나님이 주신
음악을 사랑하여 행복을 알게 하소서.

예수님의 이름으로
기도합니다.

# 전도를 잘하는
# 자녀가 되도록 드리는 기도

주님!
사랑하는 자녀에게
사람을 이끄는 리더십을 허락하소서.

예수님께서
갈릴리 바닷가에서 고기를 잡는 베드로에게
나를 따르라고 했을 때,
베드로와 그의 형제들이 배와 그물을 버려두고
예수님을 따랐던 것처럼,
사랑하는 아들에게 사람을 이끄는 능력을 주소서.
그래서 많은 영혼을 구원케 하소서.

사랑하는 아들 때문에
학교전도가 일어나게 하시고
직장전도가 일어나게 하시며
세계선교가 일어나게 하소서.

예수님의 이름으로
기도합니다.

# 성경을 사랑하는
# 자녀가 되도록 드리는 기도

주님!
사랑하는 자녀가
성경 말씀을 사랑하게 하소서.

주의 법을 즐거워하던 시편기자처럼,
주의 말씀이 송이 꿀보다 더 달다는 시편기자의 고백처럼,
주의 말씀을 즐거워하고 사랑하는 자녀로 삼으소서.

날마다 성경을 읽고 암송하게 하시며,
그 암송한 말씀이 삶에 적용이 되도록 하소서.
예배시간에 설교 말씀을 들을 때는 집중하게 하시어
자신의 말씀으로 받게 하소서.

예수님의 이름으로
기도합니다.

# 예배를 즐거워하는
# 자녀가 되게 하소서

주님!
아브라함이 가는 곳마다 제단을 쌓았듯이
사랑하는 자녀가
예배를 즐거워하게 하소서.
영과 진리로 예배를 드리게 하소서.

찬송을 부를 때는 전심으로 부르게 하소서.
기도를 드리는 시간에는
기도자의 기도에 아멘으로 화답하게 하시고,
성가대가 찬양을 하는 시간에는
하늘의 소리로 듣게 하시며,
목사님의 설교를 들을 때에는
사람의 말로 듣지 않게 하시고,
하나님의 음성으로 듣게 하소서.
광고시간에 목회자의 당부에 순종하게 하시며,
축도를 받을 때는 겸손한 마음으로 받게 하소서.
일평생
주일을 성수하는 예배자가 되게 하소서.

예수님의 이름으로
기도합니다.

# 긍정적인 언어를 사용하는
# 자녀가 되게 하소서

주님!
사랑하는 자녀가
언어를 사용할 때는
그리스도인다운 언어를 사용하게 하소서.

욕을 하지 않게 하소서.
부정적인 언어를 사용하지 않게 하소서.
남을 비방하는 언어를 사용하지 않게 하소서.

그리스도를 전파하는 언어를 사용하게 하소서.
긍정적인 언어를 사용하게 하소서.
남을 칭찬하는 언어를 사용하게 하소서.

내 뱉은 말에는 책임을 질뿐 아니라
말을 아끼게 하시어 실언하지 않게 하소서.

예수님의 이름으로
기도합니다

# 재능을 발견케 하소서

주님!
사랑하는 자녀에게
하나님이 허락하신 재능을 발견케 하소서.

주님!
발견된 재능을 더욱 발전시키되
끈기와 노력으로 승부욕을 갖게 하시며
그 분야에서 최고가 되게 하소서.

주님!
그 재능을 통해
자기의 기쁨을 누리지 않게 하시고
언제나 하나님께 영광을 돌리는 자녀가 되게 하소서.

예수님의 이름으로
기도합니다.

# 방학생활 중에는 세상을 보는 눈이 넓어지게 하소서

주님!
사랑하는 자녀가
세계는 넓고 할 일이 많음을 알게 하소서.

방학 중에는
체험활동을 통해 경험을 쌓게 하시고,
세상을 체험하게 하소서.
음악회를 통해 고급음악을 알게 하시고,
영화 관람을 통해 간접적인 인생을 체험케 하시고,
체육활동을 통해 건강과 협동심을 알게 하소서.
문화재와 박물관과 미술관을 통해서는 예술을 알게 하시고,
각종 전시회를 통해 풍부한 창조력을 허락하소서.

예수님의 이름으로
기도합니다

# 집을 떠나 있을 때를 위한 기도

사랑의 주님!
저희 자녀가 집을 떠나 있을 때에도
그와 동행하여 주소서.

먼저는 건강을 지켜 주시고,
즐거움 마음을 유지하게 하시어,
좋은 여행이 되게 하소서.

집을 떠나 있음으로
가정의 소중함을 알게 하시고,
부모님의 은혜를 깨닫는 기회가 되게 하소서.

여행을 통해서
넓은 세상을 볼 수 있게 하소서.

예수님의 이름으로
기도합니다.

# 친구를 만날 때는
# 이런 친구를 만나게 하소서

주님!
저희 자녀가
친구를 만나고 교제를 할 때는

신앙심이 깊고 그리스도의 사랑을 아는 친구를 허락하소서.
이해심과 협동심이 많은 아이를 친구로 삼게 하소서.
언제나 긍정적인 사고를 지닌 아이를 친구로 삼게 하소서.
비전이 있어 미래를 준비하는 아이를 친구로 삼게 하소서.

나쁜 친구와 나쁜 언어로부터 지켜주소서.
나쁜 문화로부터 지켜주소서.

다윗이 요나단을 만났듯이
다니엘이 사드락과 메삭과 아벳느고를 만났듯이
그런 믿음의 사람을 친구로 주소서.

예수님의 이름으로
기도합니다.

# 인생에 좋은 영향을 줄 수 있는
# 스승을 만나게 하소서

주님!
사랑하는 자녀가
인생에 좋은 영향을 줄 수 있는 스승을 만나게 하소서.

지식보다는 지혜를...
요령보다는 성실과 인격과 예절을...
편법이 아닌 정직과 원칙을 가르치는 스승을 만나게 하소서.

진정한 사랑으로 제자를 지도하는 스승을 만나게 하소서.
평생을 기억하고 따를 수 있는 스승을 만나게 하소서.

예수님의 이름으로
기도합니다.

# 자녀의 생일을 위한 기도

주님!
사랑하는 자녀가 태어난 날입니다.
오늘까지 믿음과 건강과 지혜로 지켜주심을 감사합니다.

주님!
사랑하는 자녀가
자신의 생일을 기뻐하고
소중한 인생으로 가꾸어 갈 수 있도록 인도해 주소서.

주님!
사랑하는 자녀가
앞으로의 인생을 살아갈 때
영혼이 잘 되게 하소서.
범사가 잘 되게 하소서.
몸이 강건하게 하소서.

예수님의 이름으로
기도합니다.

# 배우자를 위한 기도 1

주님!
사랑하는 아들이 이런 자매를 아내로 맞이하게 하소서.

구원받은 믿음의 자매를
사랑이 많고 착한 마음씨를 가진 자매를
이해심이 많고 넓은 마음을 가진 자매를
순결하고 성결한 자매를
순수하고 청순한 자매를
지혜롭고 현숙한 자매를
기도로 남편을 내조할 수 있는 자매를
기도로 자녀를 양육할 수 있는 자매를
교회에서 봉사와 헌신을 하는 자매를
밝고 복스러운 얼굴을 지닌 자매를

그런
자매를
아내로 맞이하게 하소서.

예수님의 이름으로
기도합니다.

# 배우자를 위한 기도 2

주님!
사랑하는 딸이 이런 형제를 남편으로 맞게 하소서.

구원받은 믿음의 형제를
사랑이 많고 착한 마음씨를 가진 형제를
이해심이 많고 넓은 마음을 가진 형제를
순수하고 성결한 형제를
지혜롭고 명철한 형제를
지도력이 있어 사회에서 인정받는 형제를
성실하며 정직한 형제를
기도의 능력을 알아 기도하는 형제를
큰 믿음을 가진 형제를
교회에서 봉사와 헌신을 하는 형제를
외모는 밝고 믿음직한 형제를

그런
형제를
남편으로 맞이하게 하소서.

예수님의 이름으로
기도합니다.

# 결혼하는 날을 위한 기도

주님!
사랑하는 자녀가
결혼하는 날에는...

밝고 화창한 날이 되게 하소서.
사랑과 행복한 날이 되게 하소서.
주례 목사님의 말씀이 평생의 지표가 되게 하시고,
축가의 가사 말처럼 복되게 하소서.
많은 사람의 박수와 축하를 받으며,
새로운 인생의 첫발을 내딛듯이
하나님과 사람들에게
사랑과 칭찬을 받는 인생이 되게 하소서.

사랑하는 자녀가
결혼하는 행복한 날에는...
그 동안의 다하지 못한 뒷바라지 때문에
후회하지 않게 하소서.

그리고
새로운 가정으로 인정하고,
품에서 과감히 떠나보내게 하소서.
정말 웃으며 보낼 수 있게 하소서.
울지 않게 하소서.

예수님의 이름으로
기도합니다.

5부

**아가에게**

**들려주는 말씀**

하나님의 말씀은 살았고 운동력이 있다.
하나님의 말씀이 마음 밭에 떨어지면
놀라운 일이 일어난다.
어머니의 마음이 옥토가 되어야 한다.
어머니가 옥토가 아니면 함께 아이도 황무지가 된다.
그러므로 아이의 책임은 어머니에게 있다.
아이에게 있어서 행복의 시작은
좋은 어머니를 만나는데 있다.
아이에게 좋은 인생의 출발을 선물하자.


* 말씀들은 아가페 쉬운 성경의 원문을 활용하였습니다.

# 1. 사람을 지으신 하나님

하나님께서 말씀하셨습니다.

"우리가 우리의 모습과 형상대로 사람을 만들자. 그래서 바다의 물고기와 공중의 새와 온갖 가축과 들짐승과 땅위에 기어 다니는 모든 생물을 다스리게 하자."

그래서 하나님께서는 하나님의 형상대로 사람을 창조하시되, 남자와 여자를 만드셨습니다.

하나님께서 사람에게 복을 주시며 말씀하셨습니다.

"자녀를 많이 낳고 번성하여 땅을 채우거라. 땅을 정복하여라. 바다의 물고기와 하늘의 새와 땅 위에 움직이는 모든 생물을 다스려라."

또 말씀하셨습니다.

"내가 땅위의 온갖 씨 맺는 식물과 씨가 든 열매 맺는 모든 나무를 너희에게 준다. 그러니 너희는 그것들을 너희 양식으로 삼아라. 또 땅의 온갖 짐승과 공중의 모든 새와 땅위를 기어 다니는 생명 있는 모든 것에게는 내가 푸른 식물을 먹이로 준다." 그러자 그렇게 되었습니다.

하나님께서 손수 만드신 모든 것을 보시니, 보시기에 매우 좋았습니다. 저녁이 지나고 아침이 되니 이것이 여섯째 날이었습니다. (창세기 1:26-31)

하나님은 우주 만물을 만드시고
우리 사람을 만드신 분이십니다.
그리고 우리에게 세상만물을 다스리는
권세를 주셨습니다.

# 2. 생명을 주시는 하나님

여호와 하나님께서 땅의 흙으로 사람을 지으셨습니다.

그리고 사람의 코에 생명의 숨을 불어 넣으시니 사람이 생명체가 되었습니다.

여호와 하나님께서 동쪽 땅 에덴에 동산을 만드시고 지으신 사람을 그곳에서 지내게 하셨습니다.

여호와 하나님께서 아름답고 먹기 좋은 열매를 맺는 온갖 나무들을 그곳에서 자라나게 하셨습니다.

동산 한 가운데는 생명나무와 선악을 알게 하는 나무도 있었습니다. (창세기 2:7-9)

**우리에게 생명을 주신 분은 하나님이십니다.**
**그러므로 하나님이 우리의 주인이십니다.**

# 3. 의로운 사람 노아

여호와께서 노아에게 말씀하셨습니다.

"너는 가족을 이끌고 배로 들어가거라. 내가 보기에 이 세대에는 너만이 내 앞에서 의로운 사람이다. 모든 깨끗한 짐승은 암컷과 수컷 일곱 마리씩, 깨끗하지 않은 짐승은 암컷과 수컷 한 마리씩 데리고 들어가거라. 하늘의 새도 암컷과 수컷 일곱 마리씩 데리고 들어가거라. 그래서 그들의 종자를 온 땅 위에 살아남게 하여라. 지금부터 칠일이 지나면 내가 땅에 비를 내리겠다. 사십 일 동안 밤낮으로 비를 내리겠다. 그리하여 내가 만든 생물을 땅 위에서 모두 쓸어버리겠다."

노아는 여호와께서 명령하신 대로 모든 일을 했습니다.

(창세기 7:1-5)

하나님은 의로운 사람에게 관심이 있으십니다.
언제나 의로운 사람 중심으로 일하십니다.

# 4. 복의 근원으로

여호와께서 아브람에게 말씀하셨습니다.

"네 나라와 네 친척과 네 아비의 집을 떠나 내가 너에게 보여 줄 땅으로 가거라. 내가 너를 큰 나라로 만들어 주고, 너에게 복을 주어, 너의 이름을 빛나게 할 것이다. 너는 다른 사람들에게 복이 될 것이다. 너에게 복을 주는 사람에게 내가 복을 주고, 너를 저주하는 사람을 내가 저주하겠노라. 땅 위의 모든 백성이 너를 통해 복을 받을 것이다."

(창세기 12:1-3)

**하나님은 우리를
복의 근원으로 삼으시기 원하십니다.**

# 5. 성공하는 인생 요셉

　여호와께서 요셉과 함께 하시므로 요셉이 성공하게 되었습니다. 요셉은 자기 주인인 이집트 사람 보디발의 집에서 살았습니다. 보디발은 여호와께서 요셉과 함께 계시다는 것을 알았습니다. 보디발은 여호와께서 요셉이 하는 일마다 성공하게 해 주신다는 것을 알았습니다. 그래서 보디발은 요셉을 매우 좋아했습니다. 보디발은 요셉을 마음 놓고 믿을 수 있는 부하로 삼았습니다. 그는 요셉에게 집안일과 자기가 가진 모든 것을 맡겼습니다. 그래서 요셉은 집안일과 보디발이 가진 모든 것을 맡게 되었습니다. 그러자 여호와께서는 요셉으로 인해 보디발의 집에 있는 모든 사람들에게 복을 주셨습니다. 그리고 여호와께서는 보디발이 가진 모든 것, 집에 있는 것이나 들에 있는 모든 것에 복을 주셨습니다. 그리하여 보디발은 자기가 가진 모든 것을 요셉에게 맡겼습니다. 보디발은 자기가 먹는 음식 말고는 요셉이 하는 일에 참견하지 않았습니다. 요셉은 멋지고 잘 생긴 사람이었습니다.

(창세기 39:2-6)

**하나님의 사람은
언제나 어디서나 무엇을 하든지 형통합니다.
하나님이 함께 하시기 때문입니다.**

# 6. 안식일을 거룩하게 지켜라

안식일을 기억하여 거룩한 날로 지켜라.
육 일 동안에는 힘써 모든 일을 하여라.

하지만 칠 일째 날은 나 여호와 하나님의 안식일이다.
그날에는 너희나, 너희 아들이나 딸이나, 너희 남종이나 여종이나, 너희 짐승이나 너희 집 문 안에 머무르는 나그네도 일을 하지 마라.

왜냐하면 나 여호와가 육 일 동안 하늘과 땅과 바다와 그 안에 있는 모든 것을 만들고 칠 일째 날에는 쉬었기 때문이다.
그러므로 나 여호와는 안식일을 축복하고, 그날을 거룩하게 하였느니라. (출애굽기 20:8-11)


**안식일은**
**복 받는 날입니다**.

# 7. 아론의 축도

여호와께서 모세에게 말씀하셨습니다.

"아론과 그의 아들들에게 전하여라. '너희는 이스라엘 백성에게 이렇게 복을 빌어 주어라. 여호와께서 너에게 복을 내리시고, 너를 지켜 주시고, 여호와께서 너에게 자비를 베푸시며, 너에게 은혜를 내려주시기를 빈다. 여호와께서 너를 내려다보시고, 너에게 평화를 주시기를 빈다.' 아론과 그의 아들들이 내 이름으로 이스라엘 백성에게 복을 빌어 주면, 내가 그들에게 복을 내릴 것이다." (민수기 6:22-27)

**하나님은
복 주시는 분이십니다.**

# 8. 최고의 계명

이스라엘 백성들이여, 들으시오.
우리 하나님 여호와는 오직 한 분뿐이신 여호와시오.

여러분의 하나님 여호와를 마음과 뜻과 힘을 다하여 사랑하시오. 내가 오늘 여러분에게 주는 이 명령을 항상 마음속에 기억하시오. 그리고 여러분 자녀에게도 가르쳐 주시오. 집에 앉아 있을 때나 길을 걸어갈 때, 자리에 누웠을 때나 자리에서 일어날 때, 언제든지 그것을 가르쳐주시오. 그것을 써서 손에 매고 이마에 붙여 항상 기억하고 생각해야 합니다. 여러분의 집 문설주와 대문에도 써서 붙이시오.
(신명기 6:4-9)

**자녀에게 하나님의 계명을 가르치는 것은
부모의 의무입니다.**

# 9. 나가도 복을 받고
## 들어와도 복을 받고

여러분은 여러분의 하나님 여호와께 온전히 복종하시오. 내가 오늘 여러분에게 주는 여호와의 모든 명령을 부지런히 지키시오. 그러면 하나님 여호와께서 여러분을 땅 위의 어떤 민족보다 더 크게 해 주실 것이오. 하나님 여호와께 복종하시오. 그러면 이 모든 복이 여러분에게 찾아올 것이오.

성읍에서도 복을 받고, 들에서도 복을 받을 것이오. 여러분의 자녀와 땅의 열매가 복을 받을 것이고, 여러분의 짐승의 새끼도 복을 받아 소와 양이 늘어날 것이오. 여러분의 광주리와 반죽 그릇이 복을 받을 것이오. 여러분은 들어가거나 나가거나, 어디를 가든지 복을 받을 것이오.

여호와께서는 여러분의 적을 이길 수 있게 해 주실 것이오. 그들은 한 길로 쳐들어와서 일곱 길로 도망갈 것이오. 하나님 여호와께서 여러분에게 복을 주셔서 창고가 가득 차게 해 주실 것이고 여러분이 하는 모든 일과 너희 하나님 여호와께서 여러분에게 주신 모든 땅에 복을 주실 것이오.

여러분이 하나님 여호와의 명령을 지키고 여호와께서 원하시는 대로 산다면, 여호와께서는 여러분에게 약속하신 대로 여러분을 여호와의 거룩한 백성으로 삼으실 것이오. 그러면 여러분이 하나님의 백성이라고 불리어지는 것만으로도 땅 위의 모든 사람이 여러분을 두려워하게 될 것이오.

여호와께서 여러분에게 주시겠다고 여러분의 조상에게 약속하신 땅에서 여러분을 부자로 만드실 것이오. 여러분의 자녀가 많아질 것이오. 여러분의 짐승이 새끼를 많이 낳을 것이며, 땅도 열매를 많이 맺을 것이오.

여호와께서 여러분을 위하여 아름다운 하늘의 창고를 여실 것이오. 하늘은 알맞은 때에 비를 내릴 것이고 여호와께서는 여러분이 하는 모든 일에 복을 주실 것이오.

여러분이 다른 나라들에게 빌려 주는 일은 있어도, 빌리는 일은 없을 것이오. 내가 오늘 여러분에게 선포하는 하나님 여호와의 명령을 부지런히 지키면, 여호와께서는 여러분을 꼬리가 아니라 머리가 되게 하실 것이오.

여러분은 바닥이 아니라 꼭대기에 있게 될 것이오. 내가 오늘 여러분에게 명령하는 말씀을 오른쪽으로나 왼쪽으로 치우쳐 어기지 마시오. 내가 명령한 대로만 하시오. 다른 신들을 따르거나 섬기지 마시오. (신명기 28:1-14)

**하나님의 명령에 순종하기만 하면
복된 삶이 보장이 됩니다.**

# 10. 용기 있는 믿음을 위하여

　너는 힘을 내고 용기를 가져라. 장차 너는 백성을 이끌고 그 땅을 차지하게 될 것이다. 그 땅은 내가 이 백성의 조상에게 주기로 약속했던 땅이다. 힘을 내고 용기를 가져서 내 종 모세가 너에게 준 모든 가르침을 빠짐없이 지키도록 하여라. 네가 그 가르침대로 행하며 왼쪽으로나 오른쪽으로 치우치지 않고 그대로 지키면 하는 일마다 다 잘 될 것이다.

　언제나 율법책에 써 있는 것을 입에서 떠나지 않게 밤낮으로 소리 내어 읽으라. 그리하여 거기에 써 있는 모든 것을 잘 지킬 수 있도록 하여라. 그러면 네가 하는 일이 다 잘 되고 또 성공할 것이다. 힘을 내고 용기를 가져라. 내가 명령한 것을 기억하여라. 두려워하지 마라. 네가 가는 곳마다 네 하나님 여호와가 너와 함께 할 것이다. (여호수아 1:6-9)

**우리가 담대하게 용기를 가져야 함은
하나님이 우리와 함께 하시기 때문입니다.**

# 11. 효성이 지극한 사람으로

나오미가 말했습니다.

"보아라. 네 동서는 자기 백성과 자기 신들에게로 돌아갔다. 너도 네 동서의 뒤를 따라가거라."

그러자 룻이 말했습니다.

"저더러 어머니를 떠나라고 하거나, 어머니 뒤를 따르지말라고 하지 마십시오. 저는 어머니가 가시는 곳에 따라가고, 어머니가 사시는 곳에서 살겠습니다. 어머니의 백성이 제 백성이고, 어머니의 하나님이 제 하나님이십니다. 어머니가 돌아가시는 곳에서 저도 죽어 거기에 묻히겠습니다. 만약 제가 이 맹세를 지키지 않는다면 여호와께서 제게 무서운 벌을 내리셔도 좋습니다. 오직 죽음만이 우리를 갈라놓을 수 있을 것입니다."

나오미는 룻이 자기와 함께 가기로 굳게 마음먹은 것을 보고, 더 이상 아무 말도 하지 않았습니다. (룻기 1:15-18)

**룻과 같이 진심으로
부모를 공경하는 신앙인이 되어야 합니다.
자녀가 그대로 배울 것입니다.**

# 12. 기도로 얻은 아들

여로함의 아들 중에 엘가나라는 사람이 있었습니다. 엘가나는 에브라임 산지에 있는 라마다임소빔 사람이며 숩 집안 사람이었습니다. 엘가나의 아버지 여로함은 엘리후의 아들이고, 엘리후는 도후의 아들입니다. 도후는 에브라임 지파에 속한 숩의 아들입니다.

엘가나에게는 아내가 두 명 있었는데, 한 아내의 이름은 한나였고, 다른 아내의 이름은 브닌나였습니다. 브닌나에게는 자녀가 있었지만, 한나에게는 자녀가 없었습니다.
(사무엘상 1:1-2)

한나에게 자녀가 없었기 때문에 브닌나는 한나를 괴롭히고 마음을 아프게 만들었습니다. 이런 일은 매년 그들이 실로에 있는 여호와의 장막으로 올라갈 때마다 일어났습니다. 브닌나가 한나를 너무나 괴롭혔으므로 한나는 울며 아무것도 먹으려 하지 않았습니다.

한나의 남편인 엘가나가 한나에게 말했습니다.

"여보, 왜 우시오? 왜 아무것도 먹지 않으시오? 왜 슬퍼하시오? 내가 있는 것이 당신에게 열 명의 아들이 있는 것보다 더 낫지 않소?"

엘가나의 가족이 실로에서 식사를 한 후에 한나가 자리에서 일어났습니다. 그때 제사장 엘리는 여호와의 성전 문 밖 가까이에 앉아 있었습니다. 한나는 매우 슬퍼 크게 울면서 여호와께 기도드렸습니다. 한나는 한 가지 약속을 했습니다.

"만군의 여호와여, 저의 괴로움을 돌아봐 주십시오. 저를 기억해 주십시오. 저를 잊지 마십시오. 저에게 아들을 주신다면 그 아들과 그의 전 생애를 여호와께 드리고 아무도 그의 머리에 칼을 대지 못하게 하겠습니다." (사무엘상 1:6-11)

엘리가 대답했습니다.

"평안히 가시오. 이스라엘의 하나님께서 당신이 원하는 것을 허락해 주시기를 바라오."

한나가 말했습니다.

"당신의 여종과 같은 저에게 자비를 베풀어 주시기를 바랍니다."

한나는 가족들이 머무르고 있는 곳으로 돌아가서 음식을 먹었습니다. 그리고 한나는 더 이상 슬퍼하지 않았습니다.

이튿날 아침 일찍, 엘가나의 가족은 자리에서 일어나 여호와께 예배드렸습니다. 그리고 나서 그들은 라마에 있는 집으로 돌아갔습니다. 엘가나가 자기 아내 한나와 동침하니 여호와께서 한나를 기억해 주셨습니다.

드디어 한나는 임신을 하게 되었고, 아들을 낳았습니다. 한나는 '내가 여호와께 구하여 얻었다' 하여 그 아이의 이름을 사무엘이라고 지었습니다. (사무엘상 1:17-20)

**기도하는 어머니로 삽시다.**
**그러면 기도하는 아들을 선물로 받게 될 것입니다.**

# 13. 저의 집안이 영원토록 복을 받게 하소서

여호와 하나님,

이제 저의 집안과 주님의 종인 저에게 하신 말씀을 이루어 주십시오. 약속하신 것을 영원히 지켜 주십시오. 그리하시면 주님의 이름을 영원히 높일 것입니다. 그리고 백성들은 '만군의 여호와는 이스라엘의 하나님이시다!' 라고 부를 것입니다. 그리고 주님의 종 다윗의 집안을 주님 앞에서 굳게 서게 해 주십시오.

만군의 여호와여, 이스라엘의 하나님,

주께서 이 모든 것을 저에게 보여 주셨습니다. 주께서는 '너의 집안을 굳게 세우겠다' 고 말씀하셨습니다. 그래서 주님의 종인 제가 감히 주께 기도드리는 것입니다.

주 여호와여, 주님은 하나님이시며, 주님의 말씀은 진리입니다. 주께서는 이 좋은 것을 주님의 종인 저에게 약속해 주셨습니다. 저의 집안을 축복해 주십시오. 영원히 주님 앞에 있게 해 주십시오.

축복하는 아버지 기도하는 어머니

주 하나님, 주께서는 이 놀라운 일을 말씀하셨습니다.
주님의 은혜로 저의 집안이 영원토록 복을 받게 해 주십시
오. (사무엘하 7:25-29)

**주의 은혜로 종의 집이 영원히 복을 받게 하소서.**

# 14. 지혜를 구할 때

솔로몬은 여호와를 사랑했고 자기 아버지 다윗의 교훈을 잘 지켰지만, 여전히 산당에서 제사를 드리며 향을 피웠습니다. 솔로몬 왕이 제사를 드리려고 기브온으로 갔습니다.

그곳에는 가장 유명한 산당이 있었는데, 솔로몬은 그 제단에서 태워드리는 제사인 번제를 천 번 드렸습니다. 기브온에 있던 그날 밤, 여호와께서 솔로몬의 꿈속에 나타나셨습니다.

하나님께서 말씀하셨습니다.

"무엇이든지 네가 원하는 것을 구하여라. 내가 들어 주겠다."

솔로몬이 대답했습니다.

"여호와께서는 주님의 종인 내 아버지 다윗에게 큰 은혜를 베풀어 주셨습니다. 다윗은 주님 앞에서 진실 되고 공의로우며 정직한 마음으로 살았습니다. 주님은 다윗에게 큰 자비를 베푸셔서 그의 아들인 저에게 그의 뒤를 이어 왕이 되게 하시고 오늘날까지 이르게 하셨습니다. 나의 하나님 여호와여, 주께서는 주의 종인 저를 종의 아버지 다윗을 대신해서 왕이 되게 하셨습니다. 그러나 저는 어린아이와 같아서 무슨 일을 해야 하는지 판단할 수 있는 지혜가 없습니다. 그럼에도 불구하고 주님의 종인 저에게 주님께서 선택하신 수많은 백성을 다스리도록 하셨습니다. 저에게 주님의 백성을 다스릴 수 있도록 옳고 그름을 가려 판결할 수 있는 지혜를 주십시오.

주께서 지혜를 주지 않으시면 이렇게 많은 주님의 백성을 어떻게 다스릴 수 있겠습니까?"

주께서는 솔로몬이 지혜를 달라고 하자 기뻐하셨습니다.

하나님께서 솔로몬에게 말씀하셨습니다.

"너는 오래 사는 것이나 부자가 되는 것을 구하지 않았고 네 원수를 죽여 달라고 하지도 않았다. 너는 바르게 판결할 수 있는 지혜를 구했다. 그러므로 내가 너의 말대로 하겠다. 나는 너에게 지혜와 슬기를 주겠다. 너처럼 지혜로운 사람은 전에도 없었고, 앞으로도 없을 것이다. 뿐만 아니라 네가 구하지 않은 것까지도 주겠다. 너는 부와 영광을 누릴 것이며 네 평생토록 너와 같은 왕은 어디에도 없을 것이다. 만일 네 아버지 다윗처럼 네가 나를 따르고 내 율법과 명령을 잘 지켜 행하면, 너를 오래 살도록 해 주겠다." (열왕기상 3:3-14)

**솔로몬의 지혜를 구하십시오.**
**하나님이 솔로몬에게 관심을 두심은 일천번제이며,**
**부귀영화를 구하지 아니하고 지혜를 구했기 때문입니다.**

# 15. 하나님의 종을 선대하여

어느 날 엘리사가 수넴으로 갔습니다. 그곳에는 한 귀부인이 살고 있었습니다. 그 여자는 엘리사에게 자기 집에서 머물며 음식을 먹으라고 간절히 부탁했습니다. 그래서 엘리사는 그곳을 지날 때마다 그 집에 들러 음식을 먹고 갔습니다.

여자가 자기 남편에게 말했습니다.

"내가 보기에 우리 집 앞으로 자주 지나다니는 엘리사는 하나님께서 거룩하다고 여기는 사람입니다. 지붕 위에 작은 방하나를 만들고 그 방에 엘리사를 위해 침대와 책상과 의자와 등잔대를 들여 놓읍시다. 그래서 엘리사가 우리 집에 들를 때마다 그 방에서 묵어갈 수 있게 합시다."

어느 날 엘리사가 그 여자의 집에 와서 그 방에 들어가 쉬었습니다.

엘리사가 자기 종 게하시에게 말했습니다.

"수넴 여자를 불러오너라."

게하시가 수넴 여자를 불러 왔습니다. 그녀가 엘리사 앞에 섰습니다.

엘리사가 게하시에게 말했습니다.

"여자에게 이렇게 말하여라. '보시오. 당신이 우리를 위해 이렇게 세밀하게 준비했군요. 내가 당신을 위해 무엇을 해주면 좋겠소? 왕이나 군대 사령관에게 부탁할 것이 있으면 말해 보시오.'"

여자가 대답했습니다.

"아닙니다. 나는 내 백성과 함께 살고 있으니 별 어려움이 없습니다."

엘리사가 말했습니다.

"그렇다면 저 여자를 위해 무엇을 해 주면 좋을까?"

게하시가 대답했습니다.

"저 여자는 아들이 없고 남편은 늙었습니다."

엘리사가 말했습니다.

"여자를 불러오너라."

게하시가 다시 여자를 부르자, 여자가 문간에 와서 섰습니다.

엘리사가 말했습니다.

"내년 이맘때쯤에 당신은 아들을 품에 안고 있을 것이오."

여자가 말했습니다.

"아닙니다. 하나님의 사람이시여, 당신의 여종을 속이지 마십시오."

그 여자는 엘리사가 말한 대로 임신하여 그 다음 해에 아들을 낳았습니다. (열왕기하 4:8-17)

하나님의 종을 선대하십시오.
그것은 곧 하나님을 선대하는 것이요
하나님을 높여 드리는 것입니다.

# 16. 히스기야가 형통한 이유

히스기야 왕은 모든 유다 땅에서 이 일을 했습니다.

그는 하나님 여호와 앞에서 올바른 일을 했으며, 여호와께 복종했습니다.

히스기야는 정성을 들여 하나님의 성전에서 하는 모든 일을 했고, 하나님의 가르침과 명령을 지켰습니다.

그는 마음을 다해 하나님을 위해 일했습니다.

그래서 그가 하는 일은 모두 잘 되었습니다.

(역대하 31:20-21)

**우리가 형통한 복을 얻으려면
언제나 마음과 뜻을 다해 하나님을 경외해야 합니다.**

# 17. 행복한 사람은

행복한 사람은 나쁜 사람들의 꼬임에 따라가지 않는 사람입니다. 행복한 사람은 죄인들이 가는 길에 함께 서지 않으며, 빈정대는 사람들과 함께 자리에 앉지 않는 사람입니다.

그들은 여호와의 가르침을 즐거워하고, 밤낮으로 그 가르침을 깊이 생각합니다. 그들은 마치 시냇가에 옮겨 심은 나무와 같습니다. 계절을 따라 열매를 맺고 그 잎새가 시들지 않는 나무와 같습니다. 그러므로 그가 하는 일마다 다 잘 될 것입니다.

나쁜 사람들은 그렇지가 않습니다. 그들은 마치 바람에 쉽게 날아가는 겨와 같습니다. 그러므로 나쁜 사람들은 하나님께서 내리시는 벌을 견뎌 낼 수가 없을 것입니다. 죄인들은 착한 사람들과 함께 있을 수 없습니다. 착한 사람들이 가는 길은 여호와께서 보살펴 주시지만, 악한 사람들이 가는 길은 결국 망할 것입니다. (시편 1:1-6)


**복 있는 사람의 특징은
언제나 하나님의 말씀을 따라 사는 사람입니다.**

# 18. 행복한 가정

여호와를 찬양하십시오. 여호와를 두려워하는 사람은 행복한 사람입니다. 그분의 명령에서 큰 기쁨을 얻는 사람이 행복한 사람입니다.

그의 자녀들은 땅에서 강한 자가 될 것이며, 정직한 자들의 후손은 복을 받을 것입니다. 부와 재물이 그의 집에 있으며, 그의 의로움은 영원히 지속됩니다.

정직한 자에게는 어둠 가운데서도 빛이 떠오르며, 은혜와 자비가 임합니다. 의로운 자에게 빛이 떠오릅니다. 관대하며, 거저 빌려 주는 자에게 복이 찾아옵니다.

자기 일을 정의롭게 행하는 자에게 복이 찾아옵니다. 이런 사람은 결코 흔들리지 않을 것입니다. 의로운 사람은 영원히 기억될 것입니다.

그는 나쁜 소식을 두려워하지 않으며, 그의 마음은 흔들리지 않고, 여호와를 의지합니다. 그의 마음은 안정되어 있고, 아무런 두려움이 없으며, 결국 그는 승리 가운데 자신의 적들을 바라보게 됩니다.

그는 자신의 선물들을 가난한 자들에게 널리 나눠 주고, 그의 의로움은 영원히 지속됩니다. 그의 뿔이 영화롭게 높이 들릴 것입니다. 악한 사람이 보고 분히 여길 것이며, 이를 갈며 야위어 갈 것입니다. 악한 자들이 바라는 것들은 물거품이 될 것입니다. (시편 112:1-10)

**행복한 가정을 만드십시오.**
**그것은 찬양과 순종에 있습니다.**

# 19. 여호와를 의지하는 가문

오, 아론의 집이여, 여호와를 의지하십시오. 그분은 여러분을 돕는 분이요, 방패가 되십니다.

여호와를 두려워하는 여러분이여, 여호와를 의지하십시오. 그분은 여러분을 돕는 분이요, 방패가 되십니다. 여호와는 우리를 기억하시며 우리를 축복하실 것입니다.

그분은 이스라엘의 집에 복을 주실 것이며, 아론의 집에 복을 주실 것입니다. 그분은 여호와를 두려워하는 자들에게 복을 주실 것입니다. 작은 자들이나 큰 자들에게나 똑같이 복을 주실 것입니다.

여호와께서 여러분을 번성케 하시기를 바랍니다. 여러분과 여러분의 자녀 모두를 번창하게 하시기를 바랍니다.

여호와께서 여러분에게 복 주시기를 바랍니다. 하늘과 땅을 지으신 그분이 복 주시기를 바랍니다. 가장 높은 하늘이 여호와의 것입니다. 그러나 그분은 땅을 사람에게 주셨습니다. 여호와를 찬양하는 자는 죽은 자들이 아닙니다. 적막한 곳으로 내려가는 자들이 아닙니다. 여호와를 찬송하는 자는 우리입니다. 우리는 지금부터 영원히 찬송할 것입니다. 여호와를 찬양하십시오. (시편 115:10-18)

**여호와를 진심으로 의지하십시오.**
**당신의 가문이 하나님의 복을 받을 것입니다.**

# 20. 주의 말씀을
## 따르는 자가 되게 하소서

젊은이가 어떻게 그의 길을 깨끗하게 유지할 수 있겠습니까? 주의 말씀에 따라 살면 깨끗하게 유지할 수 있습니다. 내가 마음을 다해 주를 따르렵니다.

내가 주의 말씀에서 떠나지 않게 하소서. 내가 주의 말씀을 내 마음 속에 두었습니다. 내가 주께 죄를 짓지 않기 위해서입니다.

여호와여, 주께 찬양을 드립니다. 나에게 주의 법령들을 가르쳐 주소서. 주의 입에서 나오는 모든 규례들을 내가 큰 소리로 선포합니다. 나는 주의 법규에 따르는 것을 기뻐합니다. 재산을 많이 가지는 것보다 더 좋아합니다. 나는 주의 교훈들을 읊조리며, 주의 길들을 깊이 생각합니다.

(시편 119:9-15)


**하나님의 말씀을 사랑하는 사람은**
**일평생 깨끗한 인생을 살 수 있습니다.**
**죄와 어두움을 떠나는 지혜를 얻기 때문입니다.**

# 21. 하나님이 함께 하시는 인생

여호와께서 집을 짓지 않으시면, 집 짓는 자들의 수고가 헛됩니다. 여호와께서 성을 지키지 않으시면, 경비병들의 보초가 헛됩니다. 헛되이 일찍 일어나고, 늦게까지 일할 뿐입니다. 먹을 음식을 위해 수고할 뿐입니다.

그러므로 여호와께서는 그의 사랑하는 자들이 편하게 잠을 잘 수 있도록 하십니다. 아들들은 여호와께로부터 온 상속이며, 자녀들은 여호와께서 주신 상급입니다.

젊어서 낳은 아들은 무사의 손에 있는 화살과 같습니다. 화살 통에 화살이 가득 차 있는 사람은 복 있는 사람입니다. 그들이 성문에서 원수들과 다툴 때에 부끄러움을 당하지 않을 것입니다. (시편 127:1-5)

**하나님과 더불어 동행하지 아니하면**
**헛수고 인생을 살게 됩니다.**

# 22. 아름다운 가정의 풍경

여호와를 공경하고 두려워하는 자는 복 있는 사람입니다. 그분의 말씀대로 사는 자는 복 있는 사람입니다. 그는 수고의 열매를 먹게 될 것입니다. 복과 번영이 그의 것이 될 것입니다.

그의 아내는 열매 맺는 포도나무와 같을 것입니다. 그의 집안에 있는 포도나무와 같을 것입니다. 그의 식탁에 둘러앉은 그의 아들들은 올리브 나무의 새싹들과 같을 것입니다.

여호와를 공경하고 두려워하는 자들은 이처럼 복 있는 사람입니다. 여호와께서 시온에서 그에게 복 주시기 바랍니다. 평생토록 복 주시기를 바랍니다. 그가 예루살렘의 번영을 볼 것입니다. 그가 살아서 그의 자손들을 보기 바랍니다. 이스라엘에게 평화가 있기를 바랍니다. (시편 128:1-6)

**아름다운 가정의 풍경은 풍요로운 물질과
아름답고 건강한 아내와 사랑하는 자녀들과
그리고 하나님이 함께 둘러앉은 모습입니다.**

축복하는 아버지 기도하는 어머니

# 23. 내 아들에게...

　내 아들아, 내 가르침을 잊지 말고, 내 명령들을 네 마음에 소중히 간직하여라. 그렇게 하면, 너는 오래 살고, 성공하게 될 것이다.

　너는 성실과 사랑을 절대 버리지 말고, 그것을 네 목에 걸고, 네 마음 판에 잘 새겨라. 그리하면 네가 하나님과 사람 앞에서 은총과 칭찬을 받을 것이다.

　네 마음을 다하여 여호와를 신뢰하고, 절대로 네 슬기를 의지하지 마라.

　너는 네 모든 길에서 그분을 인정하여라. 그러면 그분이 너의 길을 형통하게 만들어 주실 것이다.

　스스로 지혜로운 체하지 말고, 여호와를 경외하고 악한 일은 피하여라. 그것이 네 몸을 치료하고, 네 뼈들을 윤택하게 해 줄 것이다.

　네 재물과 네 수확물의 첫 열매를 드려 여호와를 공경하여라. 그러면 네 창고들이 차고 넘치게 될 것이며, 네 포도주 통들이 포도주로 가득 찰 것이다. (잠언 3:1-10)

**사랑하는 아들에게 귀중한 삶의 교훈을 전할 때는
부모도 그러한 삶을 살 때 가치가 있습니다.**

# 24. 아들아! 들으라!

이제 아들들아,
내 말을 들어라.
내 길을 지키는 자들은 복이 있다.
교훈을 듣고 지혜를 얻어라.
그것을 소홀히 하지 마라.
내 말을 순종하는 자는 행복하다.
날마다 문간에서 기다리며,
내 문에서 기다리는 자는 복이 있다.
나를 찾는 자는 생명을 얻고,
여호와께 은총을 받을 것이다.
그러나 나를 찾지 못하는 자는
자신을 해치는 자이고,
나를 미워하는 자는 사망을 사랑하는 자이다.
(잠언 8:32-36)

**사랑하는 아들에게
인생의 우선순위를 가르침은 중요하다.**

# 25. 좋은 부모가 되기 위하여

상처를 입히도록 때려야 죄를 저지를 생각을 안하고, 매질은 마음속까지 청소한다. (잠언 20:30)

어린이의 마음에는 미련이 담겨 있다. 징계의 채찍으로 때리면 없앨 수 있다. (잠언 22:15)

아이에게 회초리를 아끼지 마라. 매질한다고 죽지는 않는다. 따끔하게 처벌해서 바로잡아야 아이가 올바르게 될 것이다. (잠언 23:13-14)

**사랑의 매는 자녀를 바르게 자라게 한다.**
**그러므로 좋은 부모는 매를 들 줄 아는 부모이다.**

# 26. 오! 르무엘아!

오, 르무엘아,
포도주를 마시는 것은 왕에게 합당하지 않다.
독주를 탐하는 것은 통치자에게 합당하지 않다.
술을 마시고 법을 망각하고,
압제 당하는 자들을 무자비하게 다룰까 두렵다.
독주는 죽게 된 자에게나 주고,
포도주는 근심하는 자나 마시게 하여라.
그것으로 잠시나마 그들의 고통을 잊게 하여라.
너는 스스로 자기 사정을
알리지 못하는 자들을 살펴 주고,
힘없는 자들을 대변하여라.
공평하게 재판하여라.
가난한 자와 궁핍한 자의 권리를 변호해 주어라.
(잠언 31:4-9)

**자녀를 올곧게 키우기 위해서는
부모가 먼저 경건함을 가져야 한다.**

# 27. 즐거운 인생을 가르쳐라

환한 세상이 좋으니,
태양을 바라보는 눈이 얼마나 행복한가?
사람이 오래 살 때, 매일의 삶을 즐겨라.
그렇지만 어두운 날들도 기억하여라.
그런 날들도 많을 것이기 때문이다.
장래 일은 허무하다.

청년이여,
네 젊은 시절을 즐거워하여라.
네 젊은 날에 마음을 기쁘게 하여라.
네 마음이 원하는 것과
네 눈이 보는 것을 따라 즐겨라.
그렇지만, 이 모든 일들에
하나님의 심판이 있다는 것도 기억하여라.

그러므로 네 마음에서 불안을 없애고,
나쁜 일을 없애라.
너의 젊은 때는 빨리 지나가 버린다.
(전도서 11:7-10)

**여유 있는 성품과 긍정적인 성품을 기도하라**.

# 28. 그러므로...

그러므로
너는 네 젊음의 날에,
곧 네 괴로운 날들이 닥치기 전에,
"이제는 사는 것이 낙이 없구나!"
라고 말할 때가 닥치기 전에
창조주를 기억하여라.
(전도서 12:1)

**가장 중요한 인생은 창조주를 기억함이다.**

# 29. 봄의 교향악

내 사랑이여, 일어나시오.
내 어여쁜 자여, 이리 오시오.
자, 이제 겨울도 지났고 비도 오지 않소.
땅위에는 꽃들이 피어나고,
새들이 지저귀는 시절이 왔소.
땅에서 비둘기 짝 찾는 소리가 들리지 않소?
무화과나무에는 열매가 달리기 시작했고,
이제 막 새싹이 돋는 포도나무들은
그 향긋한 냄새를 풍긴다오.

내 사랑이여, 일어나시오.
내 어여쁜 자여, 내게로 오시오.
바위틈에 숨은 나의 비둘기,
벼랑에 숨은 나의 비둘기여,
그대 얼굴을 보여 주오.
그대 목소리를 들려주오.
그대 목소리는 달콤하고
그대 얼굴은 아름다워.
(아가 2:10-14)

**사랑은 최고의 교육입니다**.

# 30. 아들아! 두려워 말라

내가
너희와 함께 있으니
걱정하지 마라.

내가
너희의 하나님이니
두려워하지 마라.

내가
너희를 강하게 하고
너희를 돕겠다.

내
승리의 오른팔로
너희를 붙들겠다.
(이사야 41:10)

**하나님이 함께 하심은
든든하고 적극적인 생을 살게 합니다.**

# 31. 물가에 심기운 나무처럼...

여호와를 믿고
여호와만을 의지하는 사람은
복을 받을 것이다.
그는
물가에 심은 나무 같아서
든든한 뿌리가 물가로 뻗어 있으니
날이 뜨거워도 두려울 것이 없고
그 잎사귀가 늘 푸르다.
비가 오지 않아도 걱정할 것이 없으며
언제나 열매를 맺는다.
(예레미야 17:7-8)

**여호와만을 의지하라.**
**물가에 심기운 나무처럼 언제나 청청하리라.**

# 32. 하루에 세 번씩

다니엘은
왕이 새 법에 도장을 찍은 것을 알고도
자기 집 다락방으로 올라가
늘 하던 것처럼
하루에 세 번 씩
무릎을 꿇고
하나님께 기도하며
감사를 드렸습니다.

그 방 창문은
예루살렘 쪽을 향해
열려 있었습니다.
(다니엘 6:10)


**날마다 기도하는 사람은
다니엘의 신앙을 이룰 수 있습니다.**

# 33. 이른 비와 늦은 비

그러므로
시온의 백성들아, 기뻐하여라.
너희 하나님 여호와 앞에서 즐거워하여라.

그분은 의로운 일을 하시며
너희에게 비를 내려 주실 것이다.

옛날처럼
너희에게 이른 비와 늦은 비를 내려 주실 것이다.
타작마당에는 곡식이 가득하고
독마다 포도주와 기름이 넘칠 것이다.
(요엘 2:23-24)

**하나님의 사람은
때를 따라 돕는 하나님의 은혜를 누리며 삽니다.**

# 34. 하나님의 것

너희는 창고에 너희가 거둔 것의 십일조를 가져와 나의 집에 먹을 것이 있게 하여라.

그것으로 나를 시험하여라. 내가 하늘 문을 열고 너희가 쌓을 공간이 넘치도록 너희에게 복을 붓지 않나 보아라.

내가 너희 작물을 해충들이 먹어치우지 못하도록 하겠으며, 너희 포도밭의 포도가 익기 전에는 떨어지지 않도록 하겠다. 나 만군의 여호와의 말이다.

모든 민족이 너희를 복되다고 말할 것이며 너희가 좋은 땅을 가지게 될 것이다. 나 만군의 여호와의 말이다.

(말라기 3:10-12)

**하나님의 것과 나의 것을 구별할 줄 아는 것은
아주 중요한 인생의 법칙입니다.**

# 35. 예수 그리스도의 태어나심

예수 그리스도는 이렇게 태어나셨습니다.

예수님의 어머니인 마리아는 요셉과 약혼을 했는데 두 사람이 결혼도 하기 전에, 성령에 의해서 마리아가 임신하게 된 사실이 밝혀졌습니다.

마리아의 남편 요셉은 의로운 사람이었습니다.

그는 마리아를 창피하게 만들고 싶지 않아서 조용히 파혼하려고 하였습니다.

요셉이 이 일을 생각하고 있을 때, 꿈에 주의 천사가 나타났습니다.

천사는 요셉에게 이렇게 말했습니다.

"다윗의 자손 요셉아, 마리아를 아내로 삼는 것을 두려워하지 마라. 마리아가 아기를 가진 것은 성령께서 하신 일이다. 마리아가 아들을 낳을 것인데, 이름을 예수라고 하여라. 그가 자기의 백성을 죄에서 구원해 낼 것이다."

이렇게 하여, 주께서 예언자를 통해서 예언하신 말씀이 이루어졌습니다.

"보라! 처녀가 임신하여 아들을 낳을 것이며, 사람들이 그의 이름을 임마누엘이라고 부를 것이다."

임마누엘은 '우리와 함께 계시는 하나님' 이라는 뜻입니다. (마태복음 1:18-23)

**예수 그리스도는 임마누엘의 하나님이십니다.**

# 36. 아이가 자람에 따라...

아이는
점점 자라고 튼튼해 졌으며
지혜도 많아졌습니다.
하나님의 은혜가 아이와 함께 하였습니다.
(누가복음 2:40)

예수님은
지혜와 키가 더욱 자랐고,
하나님과 사람들로부터 사랑을 받았습니다.
(누가복음 2:52)

**키도 자라고 지혜도 자라고**
**모든 이에게 사랑을 받음이 감사입니다.**

# 37. 오병이어 소년처럼

"여기 사내아이 하나가 가지고 온 작은 보리 빵 다섯 개와 작은 물고기 두 마리가 있습니다. 하지만 이것만 가지고 이렇게 많은 사람을 어떻게 먹이겠습니까?"

예수님께서 말씀하셨습니다.

"사람들에게 앉으라고 하여라."

그곳은 풀이 많은 곳이었습니다. 거기에 앉은 남자 어른의 수는 약 오천 명이었습니다.

그때, 예수님께서는 빵을 가지고 하나님께 감사의 기도를 하신 후, 그곳에 앉아 있는 사람들에게 그들이 원하는 만큼 나눠 주셨습니다. 예수님께서는 물고기를 가지고도 그렇게 하셨습니다. 사람들은 모두 실컷 먹었습니다.

식사가 끝났을 때, 예수님께서 제자들에게 말씀하셨습니다.

"먹고 남은 빵과 물고기를 다 모으고 하나도 버리지 마라."

그래서 제자들은 남은 음식들을 모았습니다. 보리 빵 다섯 개로 사람들이 먹고 남은 조각들이 큰 광주리로 열두 개나 되었습니다. (요한복음 6:9-13)

**오병이어 소년처럼**
**주님께 헌신하는 사람으로 키우십시오.**

# 38. 고백을 위하여

여러분이 만일 여러분의 입으로 "예수님은 주님이시다."
라고 고백하고, 또 마음으로 하나님께서 그리스도를 죽은 자
들 가운데서 다시 살리신 것을 믿으면, 여러분은 구원을 얻
을 것입니다.

여러분은 마음으로 믿어 의롭다 함을 얻으며, 입으로 고
백하여 구원을 얻습니다. (로마서 10:9-10)

**자녀로 하여금 위대한 신앙고백을 하도록**
**중보기도 해야 합니다.**

# 39. 사랑은...

사랑은 오래 참습니다.

사랑은 친절합니다.

사랑은 시기하지 않습니다.

사랑은 자랑하지 않습니다.

사랑은 교만하지 않습니다.

사랑은 무례히 행동하지 않습니다.

사랑은 자기 유익을 구하지 않습니다.

사랑은 쉽게 성내지 않습니다.

사랑은 원한을 품지 않습니다.

사랑은 불의를 기뻐하지 않고,

진리와 함께 기뻐합니다.

사랑은 모든 것을 덮어주며,

모든 것을 믿으며,

모든 것을 소망하며,

모든 것을 견뎌냅니다.

사랑은 영원합니다.

예언은 있다가도 없고,

방언도 있다가 그치며,

지식도 있다가 사라질 것입니다.

우리가 지금은 부분적으로 알며,

부분적으로 예언하지만,

완전한 것이 오면
부분적인 것은 사라지게 될 것이기 때문입니다.
내가 어렸을 때는
말하는 것이 어린아이와 같고,
생각하는 것이 어린아이와 같고,
깨닫는 것이 어린아이와 같았지만,
어른이 되어서는 유치한 것들을 버렸습니다.
지금은 우리가
거울을 통해 보는 것같이 희미하게 보지만
그때에는 얼굴과 얼굴을
마주 보듯이 보게 될 것입니다.
지금은 우리가
부분적으로 알지만
그때에는 하나님께서 나를 아신 것처럼
완전하게 알게 될 것입니다.
그런즉 믿음, 소망, 사랑,
이 세 가지는 항상 있을 것인데,
그 중에서 가장 위대한 것은 사랑입니다.
(고린도전서 13:4-13)

**넓은 마음을 가짐은
곧 사랑을 마음에 품는 것입니다.**

# 40. 성령의 열매

그러나 성령의 열매는 사랑과 기쁨과 평화와 오래 참음과 자비와 착함과 성실과 온유와 절제입니다.

이런 것들을 금지할 율법이 없습니다.

그리스도 예수께 속한 사람은 자기 육체를 정욕과 욕망과 함께 십자가에 못 박았습니다.

우리가 성령으로 새 생명을 얻었으므로, 성령을 따라 살아야 합니다. 그리고 교만하지 말고, 서로 다투거나 시기하지 말아야 합니다. (갈라디아서 5:22-26)

**자녀의 성품이
성령의 아홉 가지 열매를 소유해야 합니다.**

# 41. 벽이 허물어지듯

그리스도를 통해 평안을 누리고, 유대인과 이방인이 하나님 안에서 하나가 되었습니다.

이전에는 마치 둘 사이에 벽이 가로놓여 있는 것 같았으나, 예수 그리스도는 자신의 몸을 내어 주심으로써 그 미움의 벽을 허물어뜨리셨습니다.

유대인의 율법에는 너무나 많은 명령과 규칙이 있었습니다. 그러나 예수님은 이러한 율법을 폐하셨습니다. 유대인과 이방인을 갈라놓던 법을 없애심으로, 이 둘이 그리스도 안에서 하나가 되어 새 사람이 되게 하셨던 것입니다. 이로써 예수님은 우리의 평화가 되셨습니다.

예수 그리스도는 십자가에 달려 죽으심으로, 유대인과 이방인 사이에 가로막힌 미움의 벽을 허물어뜨리셨습니다. 이 둘을 하나가 되게 함으로써 이 둘 모두 하나님과 화목하게 되기를 바라셨습니다.

그리스도는 하나님을 모르는 이방인들에게 찾아오셨고 하나님을 믿는 유대인들에게도 찾아오셔서, 평화에 대해 가르치셨습니다.

그러므로 우리 모두는 그리스도를 통해 한 성령 안에서 아버지께로 나아갈 수 있게 되었습니다.

(에베소서 2:14-18)

**예수님이 벽을 허물어뜨리셨듯이**
**세상의 막힌 벽을 허물어뜨리는 사람으로 세우소서.**

# 42. 순종과 사랑으로...

그리스도를 두려워하며 존경하는 마음으로 서로 순종하십시오. 아내들은 주님께 순종하듯이 남편의 권위에 순종하십시오. 남편이 아내의 머리가 됨은 그리스도가 교회의 머리인 것과 같습니다.

교회는 그리스도의 몸이며, 그리스도는 교회의 구주가 되셨습니다. 교회가 그리스도의 권위 아래 있듯이 아내가 남편에게 순종하는 것은 당연한 것입니다. 모든 일에 순종하십시오.

남편들은 그리스도가 교회를 사랑하듯이 아내를 사랑하십시오. 그리스도는 생명을 내어 주시기까지 교회를 사랑하셨습니다. 그리스도께서 교회를 물로 씻고, 말씀으로 깨끗하게 하셨습니다. 마치 아름답고 깨끗한 신부처럼 교회를 깨끗하고 거룩하게 하시기 위해, 그리스도께서 죽으셨던 것입니다.

그러므로 남편들은 이와 같이 아내를 사랑하십시오. 자기 몸을 아끼고 사랑하듯이 아내를 사랑하기 바랍니다. 자기 아내를 사랑하는 자는 곧 자신을 사랑하는 자입니다. 자기 몸을 미워하는 사람은 없습니다. 오히려 아끼고 돌볼 것입니다. 이것이 바로 그리스도가 교회를 위해 하신 일입니다.

우리는 그리스도의 몸인, 교회의 지체들입니다.

성경에서도 "그러므로 사람이 부모를 떠나, 자기 아내와 연합하여 한 몸을 이룰 것이다." 라고 말씀하고 있습니다.

그 비밀이 놀랍고 크니, 이것이 바로 그리스도와 교회와의 관계를 두고 말하는 것입니다.

다시 한 번 당부하는데, 남편들은 아내를 제 몸같이 사랑하고, 아내는 남편에게 순종하십시오. (에베소서 5:21-33)

아내의 순종과 남편의 사랑은
최고의 궁합조건입니다.

# 43. 아버지와 아들

자녀들은
부모에게 순종하십시오.
이것이 주님을 믿는 사람으로서
옳게 행하는 일입니다.
십계명에도
"네 부모를 공경하라" 고 하였습니다.
이것은 약속이 보장된
첫 계명입니다.
그 약속은
"네가 하는 일이 다 잘되고
이 땅에서 장수할 것이다." 라는 것입니다.

아버지는
자녀들의 마음을 상하게 하거나,
화를 돋우지 말고,
주님의 훈계와 가르침으로 잘 키우십시오.
(에베소서 6:1-4)

**순종하는 아들과 교훈하는 아버지는
가정의 기본입니다.**

# 44. 가장 고상한 생각

형제 여러분,
선함을 추구하며
가치가 있는 것들에 마음을 쏟기 바랍니다.

참되고, 고상하고,
옳고, 순결하며, 아름답고,
존경할 만한 것들을 생각하십시오.

여러분이
내게서 배운 것과
받은 것들을 행동으로 옮기십시오.

그러면
평화의 하나님께서
여러분과 함께 하실 것입니다.
(빌립보서 4:8-9)

**신앙은 가장 고상한 것을 바라보고 사는 것입니다.**

# 45. 빛 가운데 사는 자녀

그 소식을 들은 날부터 우리는 여러분을 위해 계속 기도하고 있습니다. 우리는 여러분이 하나님의 뜻을 분별하게 되기를 기도하고, 또한 하나님께서 영적인 지혜와 총명을 내려 주시기를 기도합니다.

그래서 모든 일에 하나님을 기쁘시게 하고, 영광 돌리는 삶을 살게 되길 원합니다. 또한 모든 선한 일에 열매를 맺으며, 하나님에 대해 더 많이 알아 가길 기대합니다.

하나님께서 그의 크신 능력으로 여러분을 강하게 붙들어 주실 때에, 여러분은 어떠한 어려움이 와도 넘어지지 않고 참고 견들 수 있을 것입니다.

우리 아버지께 감사의 고백을 올려 드립니다.

하나님께서는 빛 가운데 살아가는 자녀들을 위해 모든 것을 예비해 두셨습니다. (골로새서 1:9-12)


**사랑하는 자녀가**
**빛 가운데로 살아가는 자녀가 됨이 기쁨입니다.**

# 46. 하나님의 뜻

항상 즐거워하십시오.
쉬지 말고 기도하십시오.
모든 일에 감사하십시오.
이것이 그리스도 예수 안에서
여러분을 향한 하나님의 뜻입니다.

성령께서 일하시는 것을 막지 말고,
예언의 말씀을 하찮게 생각하지 마십시오.
모든 일을 잘 살펴서 선한 것을 붙잡고,
악한 것을 멀리하기 바랍니다.
(데살로니가전서 5:16-22)

**내적으로 기쁨과 기도와 감사가 넘쳐야 합니다.**

# 47. 사랑하는 아들아!

나의 사랑하는 아들 디모데여,
예수 그리스도의 은혜로 인해 강하고 담대하십시오.
내게서 들은 가르침을
충성된 사람들에게 가르치십시오.
그러면 그들이 또다시
다른 사람에게 말씀을 가르칠 것입니다.

예수 그리스도의 훌륭한 군사답게
지금 우리가 받는 고난을 함께 겪으십시오.
군사는 자신의 지휘관을 따라
그를 기쁘게 해야 하기 때문에
이 세상의 작은 일에는 신경을 쓸 수 가 없습니다.
경기하는 사람이 규칙을 어기면
상을 받을 수가 없습니다.
열심히 일한 농부가 첫 번째로 수확되는 곡식을
먼저 얻는 것이 당연합니다.
내가 말하는 것을 귀담아 들으십시오.
주님께서 이 모든 것을
이해할 수 있는 지혜를 주실 것입니다.
(디모데후서 2:1-7)

**좋은 그리스도인은
군사처럼, 선수처럼, 농부처럼 사는 것입니다.**

# 48. 말씀의 사람으로

하나님의 말씀은
살아 있고 힘이 있습니다.
양쪽에 날이 선 칼보다도 더 날카로워서
우리의 혼과 영과 관절과 골수를 쪼개며,
마음속에 있는 생각과 감정까지 알아냅니다.
하나님 앞에서 숨길 수 있는 것은
아무것도 없습니다.
모든 것이 다 드러나기 때문에
그분 앞에서
우리의 모든 것을 보여 드려야 합니다.
(히브리서 4:12-13)

**살아있는 말씀이
자녀의 가슴속에 역사하기를 기도합니다.**

# 49. 지혜를 구하며

　　형제 여러분, 여러 가지 시험을 겪을 때 기쁘게 여기십시오. 여러분은 믿음의 시련을 통하여 인내심이 성장한다는 것을 알고 있습니다.

　　여러분이 하는 모든 일을 참고 견디어 조금도 부족함이 없는 완전하고 성숙한 사람이 되십시오.

　　지혜가 부족한 사람이 있으면 하나님께 구하십시오. 하나님께서는 자비로우셔서 모든 사람에게 나눠주시는 것을 즐거워하십니다.

　　따라서 여러분이 필요로 하는 지혜를 주실 것입니다. 하나님께 구할 때는 믿고 구해야 합니다. 조금도 의심하지 마십시오. 의심하는 자는 바다 물결같이 바람에 밀려 이리저리 움직이는 것과 같습니다.

　　그런 사람은 주님께 무엇을 받을까 하고 기대하지 마십시오. 왜냐하면 두 마음을 품어 자기가 하는 일에 방향을 못 잡고 헤매는 자이기 때문입니다. (야고보서 1:2-8)


**지혜를 위해 기도함이
가장 위대한 방법임을 가르쳐야 합니다.**

# 50. 갓난아이처럼...

그러므로
여러분은 모든 악과 거짓을 버리십시오.
위선자가 되지 말고,
시기하며 험담하는 자가 되지 마십시오.
여러분의 삶 가운데서
이 모든 것을 없애십시오.
갓난아기가 젖을 찾듯이
순결한 말씀을 사모하십시오.
그러면 여러분의 믿음이 자라나고
구원을 받게 될 것입니다.
여러분은 이미
주님의 선하심을 맛보아 알고 있지 않습니까?
(베드로전서 2:1-3)

**갓난아이처럼 순결하게
자라나도록 기도해야 합니다.**

# 51. 사랑하는 자들아!

사랑하는 친구들이여,
우리는 서로서로 사랑해야 합니다.
왜냐하면 사랑은 하나님께로부터 오기 때문입니다.

사랑하는 사람은 하나님의 자녀가 된 것이며,
또한 하나님을 안다고 할 수 있습니다.
하나님은 사랑이시기에,
사랑할 줄 모르는 사람은
하나님을 알지 못하는 자입니다.

하나님은 그의 독생자를 이 땅에 보내심으로
우리를 향한 그분의 사랑을 보여 주셨으며,
그를 통해 우리에게 생명을 주셨습니다.
진실한 사랑이란
하나님을 향한 우리의 사랑이 아니라,
우리를 향한 하나님의 사랑인 것입니다.
하나님은 당신의 아들을 보내셔서
우리의 죄를 위해 화목제물이 되게 하셨습니다.

사랑하는 친구 여러분!
하나님께서 이처럼 우리를 사랑해 주셨으니
우리 역시 서로를 사랑해야 합니다.

어느 누구도 여태까지 하나님을 본 적이 없습니다.
그러나 우리가 서로서로 사랑하면,
하나님께서 우리 안에 거하십니다.
우리가 서로 사랑할 때,
하나님의 사랑은 우리 안에서 완전해질 것입니다.
(요한1서 4:7-12)

**사랑하는 자들아!
우리가 서로 사랑하자.
사랑은 모든 것의 완성입니다.**

# 52. 하늘나라

그 천사는 또 내게 생명수가 흐르는 강을 보여 주었습니다. 수정같이 맑은 그 강은 하나님과 어린양의 보좌로부터 흘러나와 그 성의 넓은 거리 한가운데로 흐르고 있었습니다.

강 양쪽에는 생명나무가 있어서 일 년에 열두 번, 달마다 새로운 열매를 맺고 있었습니다. 또 그 잎은 모든 사람들을 치료하는 데 사용되었습니다. 하나님께서 죄 있다고 심판하실 것이 그 성에는 없었습니다.

하나님과 어린양의 보좌가 그곳에 있고, 그분의 종들은 다 그분을 섬길 것입니다. 그들은 하나님의 얼굴을 볼 것이며, 그들의 이마에는 하나님의 이름이 기록될 것입니다.

그곳에는 밤도 없고 등불이나 햇빛이 필요 없을 것입니다. 주 하나님께서 그들의 빛이 되시고, 그들은 거기서 영원히 왕처럼 살 것입니다. (요한계시록 22:1-5)


**우리가 늘 하나님 나라를 바라보고 살아야 함은
우리는 하늘나라에 이민 갈 사람들이기 때문입니다.**

부록

신혼여행지에서 드리는
첫 번째 **가정예배**

## - 일러두기 -

1. 신혼여행지에서 드리는 첫 번째 가정예배입니다. 언제나 첫 번째는 의미가 있습니다. 가정을 주신 하나님께 감사하는 마음으로 예배를 준비합니다.

2. 신혼여행지이니만큼 거룩한 분위기를 위해 모든 불은 소등하고 미리 준비하여 장식용 촛불을 밝히고 예배를 드립니다.

# 예배로의 초대 ........................... 신랑,신부

　　☀ 신랑 / 하나님의 섭리 안에서 만난 우리 두 사람은
　　　　　　 아름다운 믿음의 꽃이 피는 가정을 만들기 위해
　　　　　　 가정예배를 최우선으로 여기는 삶을 살 것입니다.

　　☀ 신부 / 이제부터 하나님이 허락하신 우리 가정 첫 번째
　　　　　　 가정예배를 시작합니다.

　　☀ 신랑, 신부 / 아멘.

# 찬송 ............... 559장 ............... 신랑,신부

　　1. 사철의 봄바람 불어 잇고 하나님 아버지 모셨으니
　　　　 믿음의 반석도 든든하다 우리 집 즐거운 동산이라.
　　2. 어버이 우리를 고이시고 동기들 사랑에 뭉쳐있고
　　　　 기쁨과 설움도 함께하니 한간의 초가도 천국이라.
　　3. 아침과 저녁에 수고하여 다같이 일하는 온 식구가
　　　　 한상에 둘러서 먹고 마셔 여기가 우리의 낙원이라.

　　후렴 / 고마워라 임마누엘 예수만 섬기는 우리 집
　　　　　 고마워라 임마누엘 복되고 즐거운 하루하루

240
축복하는 아버지 기도하는 어머니

## 공동기도 ········································· 신랑,신부

사랑의 하나님! 이 땅에 수많은 사람이 살고 있고, 그곳에 수많은 남자와 여자 가운데서 우리 두 사람을 부부로 맺어 주심을 감사드립니다. 이제 우리 두 사람 하나님 안에서 아끼고 사랑하며 살게 하소서. 때로 험난한 세파가 우리를 가로 막을지라도 결코 흔들리거나 쓰러지지 않도록 서로를 격려하며 사랑으로 이겨내게 하소서. 오늘 하나님께 감사드리며 첫 번째 가정예배를 드립니다. 이 예배를 시작으로 일주일에 한 번 이상 가정예배를 드리는 가정을 만들겠습니다. 앞으로 하나님께서 선물로 주실 자녀를 기를 때에도 온 가족이 가정예배 드림을 가장 우선으로 하겠습니다. 오늘 이 예배를 받아 주소서. 우리를 사랑하셔서 부부로 맺어주시고 우리의 인생과 가정을 축복해 주시는 예수님의 이름으로 기도드립니다. 아멘.

## 성경봉독 ············· 마19:4-6 ············· 신부

예수께서 대답하여 이르시되 사람을 지으신 이가 본래 그들을 남자와 여자로 지으시고 말씀하시기를 그러므로 사람이 그 부모를 떠나서 아내에게 합하여 그 둘이 한 몸이 될지니라 하신 것을 읽지 못하였느냐 그런즉 이제 둘이 아니요 한 몸이니 그러므로 하나님이 짝지어 주신 것을 사람이 나누지 못할지니라 아멘.

말씀나눔 ·········· 『행복한 가정』 ·········· 신랑

오늘 말씀의 제목은 〈행복한 가정〉입니다.

가정(家庭) 이란 단어의 뜻은 '집안에 있는 정원' '집안에 있는 뜰' 이라는 의미입니다. 집안에 있는 정원은 잘 가꾸고 보살필 때 꽃도 피고 열매도 맺고 향기도 나는 것입니다. 만약 관심 없이 방치하면 금세 잡초가 생기고 거미줄이 처지고 정원이 망가져 버립니다. 오늘부터 우리 두 사람은 가정이라는 정원을 가꾸는 정원사가 되어야 합니다. 특히 세 가지를 잘 가꾸어야 합니다.

첫째로, 우리 두 사람, 부부의 관계를 잘 가꾸어야 합니다.

오늘 성경말씀에 남자와 여자를 창조하신 하나님께서 '사람이 부모를 떠나 아내에게 합하여 그 둘이 한 몸이 되라'고 했습니다. 두 몸이 아니라 한 몸입니다. 그리고 '하나님이 짝 지어 주신 것을 사람이 나누지 못할지니라' 라고 하셨습니다. 하나님이 짝을 지어주신 것이기 때문에 사람이 나눌 수 없다고 했습니다.

이제 우리는 둘이 아니요 하나이며, 절대 나누어 질 수 없는 관계입니다.

축복하는 아버지 기도하는 어머니

심리학자 텐드우드 는 〈결혼은 좋은 짝을 찾는 것이 아니고, 좋은 짝이 되어 주는 것이다.〉 라고 했습니다. 우리는 서로에게 좋은 짝이 되도록 노력할 것입니다.

둘째로, 부모형제의 관계를 잘 가꾸어야 합니다.

오늘 성경말씀에 '사람이 그 부모를 떠나서 아내에게 합하여 그 둘이 한 몸이 될 지니라' 라고 했습니다. 여기에서 사람이 부모를 떠난다는 말은 부모와 상관없어 진다는 말이 아닙니다. 부모의 도움을 받으며 살고 부모에게 손을 벌리는 자가 아니라 오히려 부모로부터 독립하여 부모형제를 돌보고 사랑하는 성숙한 인격과 신앙이 된다는 말입니다.

이제 우리는 혼자의 몸이 아닙니다. 양가 집안과의 관계, 친구, 친척과의 관계, 직장에서 다른 사람과의 관계, 더 많고 복잡한 관계 속에서 살게 됩니다.

특히 상대방의 가문을 존중하고 감사하는 마음으로 섬기고 배려함으로 마음이 상하는 일이 없도록 할 것입니다.

셋째로, 하나님과의 관계를 잘 가꾸어야 합니다.

오늘 성경본문에 남자와 여자를 지으신 분이 하나님

이라고 말씀하고 있습니다. 그 남자와 여자를 짝 지어 주시는 분이 하나님이라고 하셨습니다. 하나님이 우리 인생의 주인이요, 우리 가정의 주인이시라는 뜻입니다. 그러므로 우리는 하나님을 잘 섬기는 신앙의 가정을 만들어 갈 것입니다. 잘 섬기는 정도가 아니라 믿음의 명문가를 만들어 갈 것입니다.

많은 신앙의 위인들이 하나님을 잘 섬김으로 형통하고 복된 삶을 살았듯이 우리 가정도 그렇게 하나님을 잘 섬길 것입니다. 하나님이 주시는 복된 삶을 통하여 하나님께 영광 돌리는 가정이 될 것입니다.

## 합심기도 ·············· 신랑,신부 두 손을 맞잡고

주님! 우리에게 아름다운 가정을 주심을 감사드립니다. 가정은 '집안에 있는 뜰' 이며 '집안에 있는 정원'입니다. 이제 우리 두 사람 우리 집안에 있는 정원에 아름다운 믿음의 꽃이 피도록 최선을 다해서 가꾸고 돌보는 정원사가 되겠습니다.

먼저는 우리가 서로에게 소홀함이 없도록 우리 두 사람의 관계를 잘 가꾸겠습니다. 또한 양가 부모형제들과 지인들과의 관계도 잘 가꾸겠습니다. 그리고 가장 중요한 하나님과의 관계를 잘 가꾸어 믿음의 명문가를 만들 것입니다. 우리에게 아름다운 가정을 허락하신 예수님의 이름으로 기도드립니다. 아멘.

축복송 ················ 신랑,신부 두 손을 맞잡고

★ 당신은 사랑 받기 위해 태어난 사람 ★

당신은 사랑 받기 위해 태어난 사람
당신의 삶 속에서 그 사랑 받고 있지요
당신은 사랑 받기 위해 태어난 사람
당신의 삶 속에서 그 사랑 받고 있지요
태초부터 시작된 하나님의 사랑은
우리의 만남을 통해 열매를 맺고
당신이 이 세상에 존재함으로 인해
우리에게 얼마나 큰 기쁨이 되는지
당신은 사랑 받기 위해 태어난 사람
지금도 그 사랑 받고 있지요
당신은 사랑 받기 위해 태어난 사람
지금도 그 사랑 받고 있지요

주기도문 ⋯⋯⋯⋯⋯⋯⋯⋯⋯⋯⋯⋯⋯ 신랑,신부

하늘에 계신 우리 아버지, 아버지의 이름을 거룩하게 하시며, 아버지의 나라가 오게 하시며, 아버지의 뜻이 하늘에서와 같이 땅에서도 이루어지게 하소서. 오늘 우리에게 일용할 양식을 주시고, 우리가 우리에게 잘못한 사람을 용서하여 준 것 같이, 우리의 죄를 용서하여 주시고, 우리를 시험에 빠지지 않게 하시고, 악에서 구하소서. 나라와 권능과 영광이 영원히 아버지의 것입니다. 아멘.

**축복하는 아버지 기도하는 어머니**

인쇄  2017년 11월 24일
발행  2017년 11월 30일

지은이   박도훈
펴낸곳   대한출판
주소     충북 청주시 청원구 북이면 내수로 796-68
전화     043-213-6761
메일     cjdeahan@hanmail.net